어쩌다 고고학자들

일러두기

1. 맞춤법과 띄어쓰기, 외국 인명과 지명은 국립국어원의 〈표준국어대사전〉과 〈한국어 어문 규범〉을 기준으로 하였고, 〈표준국어대사전〉과 〈한국어 어문 규범〉에 맞추기 어려운 경우 현지 발음에 최대한 가깝게 한글로 표기했습니다.
2. 원서에 나온 저자의 주석과 한국 독자의 이해를 돕기 위해 옮긴이가 작성한 주석은 따로 구분하지 않았습니다.
3. 원서의 내용 중 일부는 한국 사정에 맞게 번역한 경우도 있습니다.

ACCIDENTAL ARCHAEOLOGISTS:
TRUE STORIES OF UNEXPECTED DISCOVERIES
by Sarah Albee, illustrated by Nathan Hackett

Text Copyright © 2020 by Sarah Albee
Illustration copyright © 2020 by Nathan Hackett
All rights reserved.

This Korean edition was published by Cum Libro in 2023 by arrangement with SCHOLASTIC INC., 557 Broadway, New York, NY 10012, USA through KCC(Korea Copyright Center Inc.), Seoul.

이 책은 ㈜한국저작권센터(KCC)를 통한 저작권자와의 독점 계약으로 ㈜도서출판 책과함께에서 출간되었습니다. 저작권법에 의해 한국 내에서 보호를 받는 저작물이므로 무단 전재와 무단 복제를 금합니다.

어쩌다 고고학자들

평범한 사람들의 우연한 발견 이야기

세라 앨비 지음 | **네이선 해킷** 그림
김미선 옮김

책과함께어린이

차례

들어가며 | 우리는 모두 아마추어   7

1장   과거에서 들려온 폭발 소식   13
2장   돌에 새겨진 것은   29
3장   들판을 누비던 거인   43
4장   차곡차곡 쌓인 악어 속에   59
5장   와장창 난파선   73
6장   그의 주장은 옳았어   85
7장   구석기 시대의 화가들   97
8장   구리 동전 사건   109
9장   두루마리의 비밀   125
10장   수렁에 빠지다   137
11장   운 좋게 부서지다   151
12장   영원히 당신의 것   167
13장   어둠의 사원   181

14장 왜 여기에 무덤이	199
15장 도랑 속 살인 사건	215
16장 해골의 열쇠	227
17장 비밀의 방	241
18장 아마도 설마?	257

고고학을 더 파헤쳐 보자	272
아마추어 고고학자가 되고 싶다면 - 여러분도 '어쩌다 발굴'을 할 수 있어요	278

나오며 | 고고학은 열린 문	280
옮긴이의 말 | 우리가 사는 이곳은 과거 누군가가 살던 곳	282

참고 자료	285
인용 출처	294
사진과 그림 출처	302

• 들어가며 •
우리는 모두 아마추어

뜻밖의 행운, 그리고 기분 좋은 우연

이 책은 평범한 사람들이 어쩌다 밝혀낸 발견으로 인류 역사의 지식에 커다란 도약을 이룬 내용을 다룹니다. 여기에 나오는 평범한 사람들은 공사장 인부, 농부, 군인, 동굴 탐험가, 등산가, 그리고 맞아요, 어린이들이에요. 이들 대부분은 배수로를 파고, 울타리를 고치고, 잃어버린 염소를 찾으러 다니며 일상생활을 보내고 있었어요. 그러다 우연히 선조들이 남긴 보물을 캐게 된 것이지요.

  우리가 좀 더 자세히 살펴보기 전에, 알아 두어야 할 것이 있어요. 고고학적 발견은 보통 이런 방식으로 이루어지지는 않아요. 고고학은 매우 느리

실제 고고학자들은 영화에서처럼 발굴하지는 않아요.

고 섬세하며, 사소한 것도 조심히 다루어야 하는 학문이랍니다. 뉴스를 장식하는 발견들은 대개 몇 년 동안 땀 흘려 노력한 끝에 세상에 알려져요. 그러니까 이 책은 고고학적으로 빛나는 부분만 골라 보여 준 것이라고 생각해 주세요.

이 책에 등장하는 일반인들은 실제로 땅속에 묻힌 보물을 발견했어요. 금과 보석, 그리고 예술 작품 말이에요. 낡은 금속 무더기와 바스러진 파피루스 조각들, 먼지가 잔뜩 묻은 오래된 뼈들 따위는 여러분이나 나에게 대단한 보물이 아닐 테지만, 고고학자들에게는 누가 뭐래도 값진 보물이 될 수 있어요.

화석과 유물, 고대 인류의 흔적 등 이 책에서 사람들이 발견한 물건들은 수많은 질문의 답이 되었어요. 하지만 또 새로운 질문을 낳기도 했답니다.

답을 하지 못해도 괜찮아요. 중요한 것은 답이 아니니까요. 사실 이 책의 진짜 목표는, 과거는 변하지 않지만 과거에 했던 일을 들려줄 이야기는 변

한다는 사실을 보여 주는 거예요. 새로운 발견이 이루어질 때마다 고고학자들과 역사가들은 끊임없이 재해석하고, 인류사를 바라보았던 자신의 시각을 수정한답니다.

　이 책의 또 다른 목적은 여러분에게 유물을 찾아 나서 보길 권하는 거예요. 이 책을 계기로 여러분이 미래의 고고학자가 될지도 모르지요. 아니면 관심 있는 특정 시대에 대해 좀 더 연구해 보고 싶다는 생각이 들지도 몰라요.

중요한 단서

지구의 표면이 별안간 또는 예상치 못하게 뒤죽박죽되어 버린 순간, 우연히 무언가가 모습을 드러낼 때도 있어요. 숨어 있던 과거의 주인공이 슬며시 얼굴을 내미는 것이죠. 어떤 고고학자는 이와 같은 예기치 못한 발견을 가리켜 '열쇠 구멍'이라 불러요. 열쇠 구멍은 침식에 의해 또는 나무가 쓰러져서, 지진으로 자연스럽게 모습을 드러낼 수 있어요. 공사장 인부나 우물을 파던 사람들, 농부들이 우연히 발견할 때도 있지요. 항공 사진이나 위성 사진을 통해 새로운 각도에서 볼 수도 있고요. 위에서 보면 예전에 땅 위에서 알아차리기 어려웠던 지표면의 이상 현상을 볼 수 있답니다.

이 책에 소개되는 발견 하나하나마다, 누군가는 평소와 다른 무언가를 알아차리고 주목해요. 그들은 유심히 살펴봅니다. 그러면 매번 똑같이 보이지만은 않아요.

용어를 알아봅시다

땅을 본격적으로 파기 전에, 책에 등장하는 어휘의 뜻을 알려 줄게요. 왜냐하면 이 책에 무지 많이 나오거든요.

고고학 인류학의 한 갈래로 과거에 살던 사람들이 남긴 유물과 유적을 연구하는 학문이에요. 건물, 도자기처럼 사람들이 만들거나 사용한 물건, 예술 작품, 건물, 일상 용품이 모두 연구 대상이지요.

고인류학 인류와 비슷한 생물과 옛 인류를 연구하는 학문이에요.

유물 과거에 살았던 사람들이 남기고 간 물건, 특히 고고학자들의 관심을 끄는 물건들이에요. 일반적으로 유물은 도자기와 석기처럼 가지고 다니기 쉬운 물건을 가리켜요.

유적 유물과 같지만 크기가 더 커요. 길이나 건물, 무덤처럼 사람이 만든 것은 무엇이든 유적이 될 수 있지요.

이상 현상 고고학적 감각으로, 풍경이 다르게 혹은 특이하게 보이는 곳으로 과거 인간의 활동으로 바뀌었을 수 있는 것을 말해요. 이상하게 움푹 파인 곳, 희한한 모양의 덩어리, 위가 평평한 흙더미가 여기에 해당하지요.

인류학 현재의 사람과 과거의 사람을 연구하는 학문으로, 특히 언어와 문화, 생물학을 중점적으로 연구합니다.

화석 한때 살았던 생물이 보존된 흔적이에요. 지층에서 주로 발견되지요.

1장
과거에서 들려온 폭발 소식

발견

때는 1709년. 장소는 이탈리아 남부 나폴리 근처의 작은 어촌. 이곳은 베수비오라 부르는 산이 마을 위로 어렴풋이 보이는 곳이에요. 동네 주민들은 고대 로마 시대로 거슬러 올라 그 산에서 어떤 일이 일어났는지 듣고는 했어요. 베수비오산이 화산이었을지도 모른다는 말이 떠돌았답니다. 그들이 들은 이야기에 따르면 화산은 수세기 전 몇몇 마을을 덮치고 깡그리 망가뜨려 버렸다고 해요. 하지만 그 마을들의 위치가 어디인지 정확히 아는 이는 없어요. 지금의 베수비오산 주변은 비옥한 농지로 포도와 올리브가 무성하게 자라고 있어요.

   1709년 오늘, 일꾼들이 우물을 파고 있어요. 땅속 깊숙이, 전문가의 흔적이 보이는 오래된 대리석이 나왔지요. 그러면 사람들이 으레 이렇게 말할 거라 생각하겠지요. "우와! 옛날에 여기에 마을이 있었나

봐!" 하지만 1709년 오늘의 사람들은 하나만 알지 둘은 몰라요.

 몇 년이 흐릅니다. 이제는 스페인의 부르봉 왕조가 이탈리아반도의 이 지역을 점령했어요. 이곳의 새로운 지배자는 카를로스 3세예요. 땅을 팠더니 대리석이 나왔더라는 소문이 왕의 귀까지 들어왔고, 자신의 후대 왕만큼이나 실내 장식을 새롭게 꾸미기를 좋아했던 왕은 땅을 다시 파 보라는 명령을 내립니다.

스페인의 카를로스 3세예요. 약탈한 것으로 추정되는 대리석 기둥 옆에 자신만만한 모습으로 서 있어요.

 곧이어 1709년에 발견된 대리석은 고대 로마의 원형 극장에서 나왔다는 사실이 분명해집니다. 일꾼들은 대리석을 더 찾았고, 아름다운 로마의 석상과 다른 예술 작품도 나와요. 아니나 다를까, 지난 79년에 파괴되었던 고대의 마을 중 하나를 다시 발견하게 된 거예요. 후에 이곳은 헤르쿨라네움이라 불리는 마을이라는 사실이 밝혀져요. 하지만 그곳에 어떤 역사가 담겨 있는지 궁금해하는 이는 딱히 없어요. 그저 보물찾기에만 열심일 뿐이지요. 일꾼들은 대부분 강제로 노역에 참가했던지라, 마구잡이로 땅굴을 파고 값비싼 로마 시대의 유물들을 스페인 왕에게 조공으로 바쳐요. 고고학자 따위는 보이지 않고요. 어떤 유물이 어디에서 발견되었는지 기록하려는 시도도 없어요. 지도며 유적지의 구조를 아무도 기록하지 않아요.

고대 마을을 발견했다는 이야기는 점점 더 많은 사람들의 귀에 들어가요. 1748년, 헤르쿨라네움에서 약 15킬로미터 떨어진 곳에서 두 번째 유적지가 발굴됩니다. 나중에 이 마을의 이름이 폼페이라고 밝혀지지요. 두껍게 쌓인 먼지와 재 아래로 드러난 모습을 보고 사람들은 놀라움을 감출 수 없어요. 폼페이 유적 대부분의 상태가 퍽 좋으니까요. 게다가 헤르쿨라네움만큼 깊이 묻혀 있지도 않아요. 그 덕분에 발굴하기 더 쉽지요.

그 스페인 외지인들은 결국 이탈리아에서 쫓겨나요. 그 후 백여 년 동안, 폼페이 유적은 좀 더 신중하게 발굴이 이루어집니다. 마침내 진짜 고고학자들이 임무를 맡게 된 것이지요. 고고학자들의 목표는 그저 보물을 약탈하는 것이 아닌 지나간 과거를 배우는 거예요.

세상은 이제 그 발견이 얼마나 중요한지 깨닫기 시작해요. 베수비오 화산 폭발은 예상치 못한 상태에서 일어난 데다 비교적 빠르게 마을을 집어삼켰기 때문에, 고대 로마 시대의 재미있는 생활상을 그대로 간직하고 있습니다.

재앙이 일어나기 직전

79년으로 돌아가 봅시다. 헤르쿨라네움은 나폴리만에 있는 세련된 해변 마을이었어요. 뒤로는 베수비오산의 그림자가 드리워져 있었지요. 약 5천 명 정도가 살고 있던 헤르쿨라네움은 이웃한 폼페이보다는 약간 작았는데, 로마의 부유한 사람들이 도시의 번잡함을 피해 이곳 물가 근처에 고급 저택을 지었어요. 두 마을 모두 부유한 로마인들과 중간 계급이었던 상인과 장인, 가난한 노동자와 노예 들이 뒤섞여 살았답니다.

  그날도 여느 날처럼 시작되었어요. 길도 매끈하게 잘 닦이고 배수로도 갖춘 헤르쿨라네움의 거리에 사람들이 쏟아져 나왔지요. 어떤 이들은 공중목욕탕에 갔어요. 다른 이들은 수영을 하거나 게임을 하러 시합장으로 향했고요. '필라'라 불리는 공은 동물의 방광을 부풀려 만들었어요. 고급 저택의 그늘진 앞마당에서는 분수가 졸졸 흘렀어요. 마을 중심가에서는 사람들이 간식을 사 먹거나 세탁소와 빵집에 들르기도 하고 공중화장실에 가기도 했어요.

그리고 비극이 닥치다

지난 며칠 동안 미묘한 경고 신호가 있기는 했어요. 약하게 진동이 울렸거든요. 우물도 갑자기 말라 버렸고요. 하지만 아무도 그다지 주의를 기울이지 않았지요. 그럴 필요가 뭐 있었겠어요?

그 끔찍한 날에 대해 우리가 알고 있는 것은 대부분 플리니우스라는 작가가 알려 준 거예요. 그는 자신의 삼촌이자 유명한 박물학자인 플리니우스(대 플리니우스)와 구별하기 위해 소 플리니우스로 불렸어요. 소 플리니우스는 베수비오 화산이 폭발했을 때 열일곱 살이었어요. 후에 그는 친구이자 역사가 타키투스에게 편지 두 통을 통해 그날의 이야기를 썼지요.

폭발이 일어나던 시각, 소 플리니우스는 어머니, 삼촌과 함께 미케눔이라는 마을에 살고 있었어요. 미케눔은 헤르쿨라네움과 폼페이에서 나폴리만을 가로질러 약 30킬로미터 정도 떨어진 곳이었지요. 플리니우스 가족의 집은 완벽한 베수비오산 전망을 자랑했답니다.

그 일은 한낮에 일어났어요.

별안간 쾅 하는 소리. 어마어마한 폭발. 헤르쿨라네움과 폼페이의 거리에 있던 사람들은 오가던 길을 멈추고 산을 뚫어져라 바라보았어요. 거대한 기둥이 공중으로 20킬로미터나 솟구쳐 올랐고, 그 위로 버섯 모양 구름이 뭉게뭉게 피어올랐어요.

밤에 나폴리만 건너편에서 바라본 화산 폭발

만 건너에 있던 플리니우스의 집에서, 어머니는 공부하고 있던 플리니우스의 삼촌을 불러 창문 밖을 가리켰지요. "평소와 다른 크기와 모양을 한 구름"이 산 위로 떠올랐어요. 오늘날에는 이런 식의 화산 폭발을 가리켜 소 플리니우스를 기려 플리니우스형 분화라 부른답니다. 그가 화산 폭발에 대해 정확하게 설명했기 때문이에요.

헤르쿨라네움에서는 폼페이와 다른 상황이 펼쳐졌어요. 폭발이 일어나던 날, 바람이 베수비오산의 남동쪽에 있던 폼페이 방향으로 불고 있었거든요. 헤르쿨라네움이 산에 더 가까이 있었지만 서쪽 방향에 있었어요.

폼페이

폭발이 일어나고 대략 30분 후, 화산재 구름이 폼페이를 집어삼켰어요. **부석**이 비처럼 마을로 쏟아졌지요.

> **부석**
> 화산 폭발로 생긴 물질이 빠르게 식어 생긴 돌로, 가벼워서 물에 뜰 수 있어요.

놀라움은 이제 공포로 바뀌었어요. 밝은 태양은 사라지고, 도시는 암흑으로 뒤덮이고 말았습니다. 많은 마을 사람들이 곧장 교외로 도망쳤어요. 어떤 사람들은 집 안에 숨어들었고요. 약 11시간 동안 부석 '비'가 쏟아져 내렸어요. 작고 검은 구

정확한 시간을 찾아라

플리니우스가 쓴 기록에 따르면 화산 폭발은 79년 8월 24일에 일어났다고 해요. 하지만 최근에 발견된 폼페이와 헤르쿨라네움의 유적을 보면 폭발은 10월에 일어난 것으로 보여요. 사람들이 입고 있던 옷도 그렇고, 식탁 위에 석류가 놓여 있었다는 사실도 10월 폭발설을 뒷받침해 주지요. 석류는 8월에는 익지 않고 10월에 익거든요. 이곳에서 발견된 동전도 8월 이후에 주조된 것으로 보이고, 가장 결정적으로 폼페이의 벽에 그린 낙서에 79년 10월 17일이라고 쓰여 있었어요. 활자 인쇄 시대가 오기 전, 플리니우스의 편지를 포함한 고대의 문서들은 모두 손으로 베껴 썼지요. 그러니 누군가 어느 시점에서 달을 잘못 썼을 수도 있어요. 우리는 새로운 문서와 유물을 발견하는 대로 증거를 더 찾게 될 거예요.

슬 비는 사람들을 해칠 정도로 무겁진 않았지만, 오래 지나지 않아 지붕들은 부석과 화산재의 무게를 이기지 못하고 무너져 내리고 말았어요.

  폼페이 주민 대부분은 도망갈 시간이 있었어요. 역사가들은 화산이 폭발하던 날 마을에 약 2만 명이 있었다고 추정해요. 그중에 2천 명가량은 아마 떨어지는 돌 때문에, 또는 지붕이 무너져서 죽었을 거예요. 아니면 도망가기보다 마을에 남기를 택했기 때문일 수도 있지요. 그리고 뒤이어 무시무시하게 폭발한 베수비오 화산에 목숨을 잃고 말았어요.

헤르쿨라네움

바람이 헤르쿨라네움 쪽에서 불어오고 있었기 때문에, 도시는 비처럼 쏟아지는 부석을 피할 시간이 있었어요. 그 덕분에 사람들은 화산 폭발을 피해 도망갈 시간을 벌었고 상대적으로 피해가 적었지요. 오후가 되자 사람들 대부분이 마을에서 도망쳤어요.

어떻게 무너져 내렸나

처음 화산 폭발이 일어나고 12시간 후, 두 번째 폭발이 일어났어요. 두 번째 폭발은 훨씬 더 끔찍했답니다. 오전 1시경, 버섯 모양 구름과 열에 녹은 잔해가 화산 위 수십 킬로미터 위로 솟아오르더니, 이내 마구 쏟아지기 시작했어요. 화산 폭발은 단계적으로 일어났어요. 화산 구름 일부가 무너져 내릴 때마다 독을 품은 공기가 경사면을 따라 급격하게 떠밀려 내려왔고, 몇 분 후에는 뜨거운 용암이 파도를 치며 흘러내려 왔어요. 용암은 빠르게 달리는 기차보다도 높은 속도로 산을 타고 맹렬히 내려왔습니다. 과학자들은 이 유독 가스와 뜨겁게 녹아내린 잔해를 두고 "화쇄암이 용솟음치며 흘러내렸다"고 표현합니다. 일곱 시간 동안 가스층이 불같이 솟아오르고 뜨거운 용암이 헤르쿨라네움을 덮쳤어요. 화산은 도시를 집어삼켰고, 미처 피하지 못하고 뒤쳐진 사람들을 눈 깜짝할 사이에 태워 버렸습니다. 화산 분출이 끝나자, 마을은 22미터 높이의 화산재 밑으로 깔려 버렸습니다. 그리고 화산재는 식으며 점차 단단히 굳어 갔어요. 화산재는 시신과 나무, 음식, 집안 물건 등 무엇이든 모두 암석층 저 깊은 곳에 가두어 버렸습니다.

폼페이에서는 초반 몇 번의 화산 분출은 피했어요. 두껍게 쌓인 뜨거운 화산 잔해가 마을 입구 바로 앞에서 멈추었지요. 하지만 폭발이 일어난 날

대 플리니우스

대 플리니우스는 로마 해군의 지휘관이었어요. 하지만 과학자이기도 했던 그는 자신이 목격한 사건에 완전히 푹 빠져 버렸어요. 그는 배를 타고 나폴리만을 건너 화산이 분출하는 모습을 관찰하기로 마음먹었어요. 그는 조카에게 함께 가자고 제안했지요. 저렇게 활발히 분출하는 화산을 직접 보는 것보다 더 재미난 것이 뭐가 있겠어요? 하지만 소 플리니우스는 집에 있는 쪽을 택했지요.

대 플리니우스는 배를 타고 빠르게 나아갔어요. 처음에는 자신이 관찰한 것을 기록할 계획이었지만, 해안가에서 우왕좌왕하는 사람들을 구조하려는 생각도 있었어요. 그는 그날 밤, 스타비아이라는 마을에 배를 댔어요. 다음 날, 대 플리니우스는 쓰러진 채 세상을 떠나고 말았습니다. 아마도 유독 가스를 마셨거나 심장 마비로 죽었을 가능성이 있어요. 그의 시신은 이틀 뒤 발견되었습니다.

아침, 네 번째, 다섯 번째, 그리고 여섯 번째 용암이 폼페이를 순식간에 덮쳤어요. 화산에서 솟아 나온 거대한 가스가 남은 사람들을 질식시켰고, 재빠르게 용암 밑에 묻어 버렸습니다.

허둥지둥 도망치다

폭발이 일어나고 다음 날 오전 8시 30분, 소 플리니우스와 어머니는 미케눔을 떠날 때가 왔다고 깨달았어요. 공기가 "평소 밤보다 더 칙칙하고 탁해졌기 때문"이에요. 가족들은 겁에 질려 허둥지둥 도망가는 사람들 무리에 합류했어요. 산꼭대기에는 여전히 "드넓은 불길과 튀어 오르는 불꽃"이 보였어요. 플리니우스가 묘사했듯, 미케눔 사람들이 도망치는 동안 "무시무시한 검은 구름"이 아래로 내려왔어요. "많은 이들이 신의 도움을 간절히 원했지만, 이제 신은 더 이상 남아 있지 않았으며, 우주도 영원히 어둠 속으로 추락하고 말았다고 생각했"어요. 플리니우스는 사람들이 모두 말 그대로 토스트가 되어 버렸다고 확신했어요. 하지만 플리니우스에게도, 그리고 역사에도 천만다행으로 검은 구름이 갑자기 위로 올라가 버렸지요. 태양이 다시 떠올랐어요. 플리니우스와 그의 어머니는 "모든 것이 바뀌었고, 눈송이처럼 재에 깊게 파묻히고 만" 광경을 보았어요.

세상 밖으로 나온 유적

1863년 이탈리아의 고고학자였던 주세페 피오렐리가 발굴 책임을 맡았어요. 폼페이 유적지의 화산재층에서 그는 사람 모양의 텅 빈 공간을 발견했지요. 한때 사람의 몸이 들어 있던 곳이었어요. 몸은 오랜 세월이 지나 부패하여 사라진 뒤였고. 피오렐리는 빈 공간 안에 석고를 채워 넣으면, 그 고통스러웠던 순간의 사람들과 동물들의 상태를 파악할 수 있을 거라 생각했어요. 석고 반죽으로 만든 모양은 그 후에 폼페이를 찾아왔던 사람들에게 놀라움과 두려움을 안겨 주었답니다.

오랜 시간 동안 헤르쿨라네움에는 사람들의 실제 흔적이 거의 보이지 않았어요. 고고학자들은 사람들이 대부분 탈출했을 거라 추측했지요. 하지만 1980년대에 또 다시 뜻밖의 고고학적 발견이 이루어졌어요. 일꾼들이 고대의 해안가 근처에 배수로를 설치하는데, 사람 유골을 몇 개 발견했지 뭐예요. 마침내 300개가 넘는 유골이 발견되었어요. 이제 고고학자들은 헤르쿨라네움 사람들이 바다로 탈출하기를 바라며 배를 보관하는 창고에서 기다렸다고 생각하게 되었지요.

고고학자들은 인간 유골뿐만 아니라 나무와 옷, 유리 식기, 음식까지 발견했어요. 이러한 생활용품들은 고대 로마 마을의 평범한 일상을 생생하게 재현하는 데 도움을 주었어요.

폼페이 희생자의 마지막 모습이에요. 회반죽에 싸여 몸통 형태만 남은 모습이 으스스하죠.

현재로 돌아와서

현대 관광객들은 폼페이와 헤르쿨라네움 거리를 돌아다니며 집 안으로 들어가 보기도 하고, 벽에 그린 낙서를 들여다보기도 합니다.

발굴은 계속되고 있지만 복잡한 문제가 아직 남아 있어요. 노출된 벽화는 빛이 바랬어요. 밖으로 나온 조각상들은 깎여 나가고 부식될 위험에 처해 있고요. 비둘기들은 건물에 둥지를 틀고 나무 기둥을 쪼기도 해요. 고고학자들은 1960년대에 폼페이의 대규모 야외 발굴을 마무리했어요. 유적지가 여기서 더 무너질까 봐 걱정되었기 때문이에요. 땅속에 묻힌 유적을 그대로 두는 것이 실제로는 유적이 무너지는 것을 막아 주었던 것이지요.

79년 그날 일어났던 공포에 관해 이제 예전보다 훨씬 많이 알게 되었어요. 고고학자들은 이곳에 살았던 고대의 사람들이 어떻게 살았고 어떻게 목숨을 잃었는지에 대해 점점 더 자세하게 밝혀내었지요.

그리고 소 플리니우스 덕분에 화산 폭발이 어떠한 과정으로 일어났는지 많이 알게 되었어요. 화산을 연구하는 학자들은 플리니우스가 아주 상세히 설명한 재앙의 과정이 현대 화산에 대한 정보와 얼마나 밀접한 연관이 있는지에 대해 놀라움을 감출 수 없었다고 해요. 플리니우스 본인은 자신이 정확하게 남긴 기록이 그토록 중요한 자료가 되었다는 사실을 깨닫지 못했지만 말이에요. 그는 이렇게 썼어요. "물론 이 내용이 역사에는 그다지 중요하지 않겠지만."

2장
돌에 새겨진 것은

발견

1799년, 이집트 북쪽 작은 마을에서 일어난 일이에요. 이집트인은 이곳을 '라시드'라 부르고, 프랑스인들은 '로제타'라 부릅니다.

프랑스인들이 그 물건을 부르는 이름은 이 지역과 관련이 있어요. 프랑스 군대가 최근 이집트를 침략했기 때문이지요. 프랑스와 영국은 전쟁을 하고 있어요. 이번에도요. 그리고 한가운데에 있던 이집트는 전쟁을 치르고 있던 유럽인들이 너도나도 군침을 흘리고 있어요. 유럽인들은 지중해를 둘러싼 영토를 장악하는 데 관심이 아주 많거든요.

이날 프랑스 군사들은 금방이라도 부서질 듯 오래된 요새의 기반을 튼튼히 다지고 있어요. 그 요새는 지난 15세기 오스만 제국이 지은 것이었는데, 근처에 있던 고대 이집트 유적지에서 훔쳐 온 돌로 만든

이집트의 스핑크스 앞에 있는 나폴레옹

거예요. 수세기에 걸쳐, 이집트를 점령한 어느 나라든 사원의 수많은 유적에서 건축 자재로 쓸 돌을 약탈해 갔어요.

프랑스군의 사령관은 보나파르트 나폴레옹이에요. 나폴레옹에 대해서는 한번쯤 들어 봤겠지요. 1799년 당시에 그는 세상에서 가장 강력한 지도자는 아니에요. 아직 장군일 뿐이지요. 하지만 '장차 황제가 될'이라고 말하기가 무섭게 자신의 지위를 잽싸게 끌어올립니다.

한편, 요새에서 도풀이라는 병사가 길을 가는데, 어두운 회색 화강

로제타석

1톤
1,000kg으로 커다란 소 한 마리 무게와 맞먹어요. 그리고 그랜드피아노 두 대만큼 무겁지요.

암이 우연히 눈에 들어옵니다. 암석에는 알 수 없는 글씨가 구불구불한 필체로 쓰여 있어요. 그는 자신의 상관이었던 피에르 프랑수아 부샤르 중위에게 보고합니다. 부샤르는 이 암석의 가치가 높다는 것을 한눈에 알아차려요. 그들은 땅을 팝니다. 암석은 자동차 문과 비슷한 크기였지만, 훨씬 무거워요. 정확히는 **1톤** 가까이 되지요.

그때에는 아직 아무도 알 수 없지만, 이 석판은 고대 문명의 문을 활짝 여는 열쇠가 될 운명이에요. 후에 이 석판은 로제타석이라 알려지게 됩니다.

두뇌를 모아 모아

프랑스가 이집트를 점령하기 전 수십 년 동안, 유럽에서는 역사학과 과학, 철학, 행정학 등이 빠르게 발전했어요. 우리는 이 시기를 가리켜 계몽주의 시대라 부르지요. 그 당시 여느 유럽인들처럼, 나폴레옹은 고대 이집트에 푹 빠져서 이 시대에 관한 지식을 모으는 데 관심이 많았어요. 그래서 군대와 더불어 생물학자와 광물학자, 언어학자, 수학자, 화학자, 그리고 다른

프랑스의 학자와 화가, 과학자 들이 이집트에 있는 모습이에요. 이들은 유럽의 실용적이지 않은 옷 때문에 무더위에 시달렸어요.

여러 과학자들을 이집트에 함께 데리고 갔답니다. 그는 프랑스의 학자들이 세상에서 가장 똑똑한 사람들이라는 사실을 증명하고 싶었어요. 학자들의 임무는 이 신비 가득한 나라의 비밀을 풀고 연구하며, 측정하고, 표본을 만드는 일이었지요. 그리고 손에 넣을 수 있는 유물이라면 모조리 확보하여 프랑스로 돌아가는 배에 실었어요.

지금은 원래 있던 나라의 문화유산을 가져오면 절대로 안 돼요. 아주 비윤리적인 행동이며 많은 지역에서 철저하게 불법으로 간주되지요(272쪽 '고고학을 더 파헤쳐 보자' 편을 보세요). 하지만 나폴레옹은 양심의 가책 따위는 없는 사람이었어요. 그의 머릿속에는 유물과 보물을 하나라도 더 찾아내고 자신이 데려온 프랑스 학자들이 유물의 비밀을 벗겨서 고향으로 가지고 가면, 전 세계에서 프랑스의 위신이 한껏 높아지리라는 생각만 가득했지요. 나폴레옹이 생각하는 프랑스의 위신은 바로 그 자신의 위신이었지만요.

군대가 망쳐 버리다

나폴레옹의 군사가 이집트에 도착한 후 첫 달은 순조롭게 지나갔어요. 이집트는 여전히 오스만 제국의 영토였고 맘루크라 불리는 전사들의 지배를 받고 있었지요. 이들은 그 어떤 적도 무서워하지 않는 맹렬한 전사였어요. 그래서 프랑스가 이집트에 다다랐을 때에도 맘루크가 기다리고 있었지요. 프랑스군은 피라미드 전투라 알려진 첫 전투에서 승리를 거두었어요. 하지만 영국의 허레이쇼 넬슨 제독이 이집트 앞바다에 정박해 있던 프랑스 함대를 침몰시켰다는 소식이 들려오자, 나폴레옹과 프랑스군의 상황은 눈에 띄게 나빠졌어요. 이윽고 나폴레옹은 군사들을 이끌고 시리아로 진격하여 아크레라 불리는 성곽 도시를 포위했지만 점령에 실패하고 말았어요. 프랑스 군대는 어쩔 수 없이 후퇴하여 이집트로 돌아갔지요. 나폴레옹은 군사 3만 5천 명과 함께 이집트에 포위되었다는 사실을 깨달았어요. 그리고 군사들은 전염병으로 하나둘 목숨을 잃어갔습니다. 엎친 데 덮친 격으로 미래의 심술궂은 독재자 나폴레옹은 얼마 전 결혼한 여인, 조제핀을 애타게 그리워했어요. 그는 조제핀과 떨어진 후에도 달콤한 말로 써 내려간 사랑 편지를 보냈고, 심지어 자신의 마음을 담은 징표로 미라 몇 구를 보내기도 했어요. 쪼글쪼글해진 머리만큼이나 사랑을 표현할 수 있는 좋은 말은 없으니까요.

하지만 군사 작전이 좋지 않은 방향으로 흘러가는 와중에도 학자들은 저만치 앞서 나갔어요. 학자들은 화학 실험실을 세우고 식물 표본을 수집했지요. 고대 사원과 무덤, 기념물 들을 스케치하고 색칠했어요. 새로운 형태의 양수기를 개발하고 이집트를 상세하게 그린 지도도 만들었고요. 납

탄환을 녹여 연필까지 만들었답니다.

후퇴, 그리고 패배

로제타석이 발견되고 약 한 달이 지난 후, 나폴레옹은 쥐도 새도 모르게 재빨리 이집트를 빠져나갔어요. 그는 병을 시름시름 앓고 있는 군사들과 자신이 데려온 모든 학자들을 버리고 떠나 버렸어요. 나폴레옹은 최근 일어난 혁명으로 여전히 비틀거리고 있던 프랑스로 서둘러 향했어요. 그는 누가 권력을 잡든 그 자리에 있는 자가 프랑스를 차지하리라고 믿었어요. 그리고 자신이야말로 그 일에 적임자라고 확신했지요.

나중에 나폴레옹은 모든 힘을 잃고 외딴섬으로 쫓겨났어요.

그는 장군에게 이집트를 맡으라는 지시를 남겼지만 그 장군은 세상을 떠나고 말았어요. 그래서 하급 지휘관은 1801년 영국에 항복한다는 문서에 서명을 하고 말았지요. 항복 문서에는 프랑스 학자들이 모은 수집품과 기록, 유물 등을 모두 영국에 넘긴다는 조항도 있었어요. 수많은 학자들이 들고일어났고, 결국 영국은 프랑스가 자신들이 모은 모든 수집품을 그대로 가지도록 허가했어요. 단, 로제타석만 빼고요. 그것만은 영국도 포기할 수 없었습니다. 결국 로제타석은 영국으로 실려 갔어요.

문자를 해독하다

기원전 196년에 새겨진 석판은 비석의 조각이었는데, 원래 크기는 더 컸어요. 같은 글이 세 개의 다른 고대 문자로 쓰여 있었지요. 첫 번째 문자는 상형 문자였는데, 나폴레옹 시대에는 읽는 법을 아는 사람이 아무도 없었어요. 고대 이집트인이 중요하거나 종교적인 메시지를 전할 때 쓰던 문자였지요. 모두 그림처럼 생긴 문자였어요. 고대 이집트인이 쓰던 이모티콘 같다고나 할까요. 돌에 새겨진 두 번째 문자는 이집트 백성들이 일상생활에서 쓰던 민중 문자였어요. 세 번째는 그리스 문자였지요. 돌이 새겨질 당시에 이집트의 지배자들이 쓰던 문자였어요.

 학자들은 로제타석이 상형 문자를 해독할 수 있는 열쇠라는 사실을 즉각 알아챘어요. 하지만 문자의 뜻이 무엇인지 알아내는 데에만 수십 년이 걸렸어요. 어떤 영국인 학자와 프랑스인 학자가 돌에 새겨진 문자를 가장

학자들은 상형 문자를 해독하기 위해 엄청나게 공을 들였어요.

많이 해독한 사람으로 떠올랐어요. 프랑스와 영국 중에 누가 먼저 글자를 해독하느냐는 국가의 자존심이 걸린 문제가 되었지요.

영국의 학자였던 토머스 영이 1814년, 기호 주위에 그려진 원들을 발견하며 주요한 실마리를 풀었어요. 프랑스인들은 이를 카르투슈라 불렀는데, 사람 이름을 나타내는 기호였지요.

그러자 프랑스의 학자였던 장프랑수아 샹폴리옹이 1822년 또 다른 엄청난 발견을 했어요. 샹폴리옹은 고대 그리스 문자와 **콥트 문자**를 읽을 줄 알았어요. 그는 콥트 문자가 이집트 민중 문자와 비슷할 것이라고 추측했지요. 그의 추측이 맞았어요. 수년 동안 비석을 연구한 끝에, 그는 상형 문자가 뜻을 나타내는 그림이면서 동시에 소리글자라는 놀라운 생각을 해냈어요. 그는 이집트 민중 문자에서 특정 기호가 쓰이는 방법을 찾아보았고 기호에 해당하는 상형 문자를 읽을 수 있게 되었어요. 그가 그 사실을 알게 된 순간, 형의 사무실로 뛰어 들어가 문을 벌컥 열고는 "드디어 해냈어!"라며 소리를 쳤다지요. 그러고 나서 너무 흥분한 나머지 기절하고 말았답니다.

> **콥트 문자**
> 이집트의 그리스도교도들이 쓰던 언어인 콥트어를 기록하는 문자예요.

샹폴리옹 승리!

일상적인 전달문

그러면 비석에는 뭐라고 적혀 있었을까요? 그냥 공문서였어요. 이집트의 성직자가 열세 살짜리 파라오였던 프톨레마이오스 5세에게 세금을 줄여 주어 감사하다고 보내는 인사였지요. 이집트의 다른 사원에도 로제타석과 비슷한 비석이 세워져 있었어요. 그러니 내용 자체는 그다지 특별할 게 없었어요. 하지만 우리에게는 퍽 특별하지요. 다음에 여러분이 이모할머니께 몸을 간지럽히는 스웨터를 주셔서 감사하다는 쪽지를 써 보세요. 여러분이 남긴 쪽지가 2천 년 후에 발견되어 해독될지도 몰라요.

현재로 돌아와서

프랑스는 영국이 지금까지 로제타석을 가지고 있어서 몹시 심기가 불편했어요. 하지만 진짜 심기가 불편할 사람들은 이집트인들이지요. 로제타석을 즉시 이집트에 돌려주어야 한다는 논쟁이 불붙었어요. 2003년 이집트 정부는 영국 박물관에 로제타석을 원래 있던 곳인 이집트로 돌려 달라고 요구했어요.

영국 박물관 측에서는 한껏 예의 바르게 거절했어요. 아마 바닥을 구르며 깔깔 웃고 난 뒤 거절했을걸요. 그래도 박물관은 2005년 이집트인을

오늘날 로제타석은 영국 박물관에 여전히 전시되어 있답니다.

위해 로제타석 복사본을 만들었어요. 이집트는 비석을 돌려 달라는 요구를 끊임없이 하고 있답니다. 아마도 언젠가는 원래 있어야 할 곳으로 돌아가겠지요.

3장

들판을 누비던 거인

발견

1803년, 영국 런던에서 일어난 일이에요. 북적북적 모여 있는 사람들 앞에 위대한 벨조니가 단상 위에 올라섭니다. 기다리고 있는 모두들에게 공연을 보여 줄 시간. 이 공연의 이름은… 인간 피라미드!

조반니 벨조니는 키가 2미터나 되는 거구예요. 얼굴도 잘생긴 데다 넓은 어깨에 울퉁불퉁 근육으로 풍채도 좋지요. 그는 몸을 살짝 가린 바지 차림에 반짝이 조각과 깃털로 장식한 채 무대 가운데로 성큼성큼 걸어가요. 모르긴 해도 젊은 여성 몇 명은 객석에서 자신의 얼굴을 부채질하고 있을지도 몰라요. 사람들은 너도나도 숨을 죽이지요.

놀라서 입을 다물지 못했던 사람들은 그날 일어났던 광경을 다음과 같이 이야기해요.

"그는 지지대가 달린 허리띠를 꽉 둘러매어 자기 주위에 매달려 있는 남자들을 고정시켰다. 그리고는 우선 양쪽 겨드랑이에 한 명씩 안아 올렸고 다음에는 어깨 위에 하나씩, 그리고 등에도 한 명 이렇게 올려서 피라미드 모양을 만들었다. 그래서 걸리적거릴 법도 한데, 마치 춤을 추는 듯 가뿐하고 우아하게 움직였다. 게다가 밧줄 위의 춤꾼처럼 거들먹거리며 깃발을 펄럭였다."

사람들은 탄성을 내지릅니다.

벨조니는 그 거대한 덩치로도 정말이지 민첩하게 움직여요. 그가 20세기에 태어났다면 아마 프로 농구 선수로 가장 먼저 선발되었을 거예요. 하지만 1803년이기 때문에, 그는 등 뒤에 어른 10명을 업고 인간 피라미

당시 화가가 묘사했듯이 위대한 벨조니가 무대에서 공연을 하고 있어요. 그가 들고 있는 사람들이 평균 크기라는 것을 한눈에 보아도 알겠지요.

드를 만들며 균형 잡기 묘기나 하고 있어요.

　1년 후 위대한 벨조니는 진짜 고대의 피라미드가 있는 이집트에 발을 들여요. 어쩌다 보니 그는 이제 고고학자가 되어 있어요.

어린 시절과 분수

위대한 벨조니는 1778년 이탈리아 동부에 있는 파두아라는 도시에서 태어났어요. 아버지는 이발사였지요. 어머니는 고질적인 두통에 시달렸어요. 아마도 우량아를 넷이나 낳은 데다 남편의 쥐꼬리만 한 수입으로 고모와 사촌, 시동생, 여기에 손주까지 먹여 살려야 했기 때문이겠지요. 조반니는 열여섯 살이 되자, 지친 부모님의 짐을 덜어 주기 위해 영영 집을 떠났어요. 그리고 부자를 꿈꾸며 로마로 향했답니다.

　로마에서 지내던 시절은 전해지는 일화가 많지 않아요. 분수 수리공으로 일했다고 추측할 뿐이지요. 로마에는 분수가 아주 많았던 터라 위치는 좋았지만, 시기는 매우 끔찍했어요. 나폴레옹의 군대가 유럽 대부분을 차지했고 그다음 목표는 이탈리아였기 때문이지요. 1798년 프랑스군이 로마로 진군했어요. 벨조니는 얼른 로마 밖으로 몸을 피했습니다.

천생연분을 만나다

그는 유럽 이곳저곳을 여행하다 1803년에 영국에 다다랐어요. 그곳에서 마침내 다양한 극장에서 공연을 하고 순회공연을 다니는 일을 찾았지요. 그리고 세라 바라는 여인을 만나 결혼도 했어요. 그때 그는 자신의 연기를 더욱 멋지게 선보이며 '위대한 벨조니'라는 이름으로 유명해졌답니다.

부부는 9년 동안 영국에서 지냈어요. 영국이 나폴레옹과 전쟁을 치르느라 외국으로 나가는 것을 금지했기 때문이지요. 두 사람은 여러 마을을 여행했고 벨조니는 공연을 했어요. 그때 그는 독특한 기술을 완벽하게 선보였어요. 무거운 물건을 들어올리고, 지렛대와 굴림대를 이용해 커다란 짐의 균형을 맞추는 모습을 보여 주었지요.

우연한 만남

1812년, 나폴레옹 전쟁이 드디어 막을 내렸어요. 벨조니와 세라는 마침내 영국을 떠나게 되었지요. 두 사람은 유럽 각지를 여행하다 마지막으로 지중해에 있는 섬이었던 몰타에 다다랐어요. 직업도 없고 돈도 거의 없던 터라, 벨조니는 일을 찾아 나섰어요. 그러던 어느 날 그는 우연히 파샤 무함

파샤는 오스만 제국에서 높은 지위를 누리던 통치자를 말해요.

마드 알리의 대리인을 만났어요. 파샤는 이집트를 다스리던 튀르크인 지도자였지요. 대리인은 파샤를 위해 일할 재능 있는 사람을 찾고 있었어요. 파샤는 이집트를 현대화하는 데 관심이 많았거든요. 벨조니는 자신의 기술을 이용해 그 기회에 뛰어들었습니다.

벨조니와 세라는 1815년 카이로에 도착했어요. 그곳에서 벨조니는 물의 압력으로 돌아가는 바퀴를 만들었어요. 이렇게 하면 이집트의 뒤떨어진 방식을 현대적으로 탈바꿈하여 농작물에 물을 댈 수 있다고 믿었지요.

하지만 파샤의 핵심 참모들은 유럽과 그 특유의 '현대적인' 혁신에 관심이 없었어요. 그래서 시범을 보이려던 벨조니의 시도는 실패로 끝났지요. 이제 희망이 저만치 멀어져 버린 것만 같았어요. 그러다 매력 넘치고 잘생긴 벨조니는 이집트의 영국 총영사로 갓 부임한 야심만만하고 거만한 헨리 솔트와 친해졌어요. 솔트는 영국으로 돌아가는 상관에게서 이집트의 고대 유물을 가능한 많이 모아서 영국으로 보내라는 말을 들었던 참이었어요. 영국으로 간 유물은 영국 박물관의 이집트관에 비치될 예정이었지요. 그래서 솔트의 눈에 근육만 우락부락하고 멍청해 보이는 벨조니는 무거운 물건을 다루는 일에 제격이었어요.

솔트는 그 차력사에게 첫 번째 과제를 제안했어요. 7톤이나 되는 람세스 2세의 거대한 화강암 흉상을 **테베**에서 카이로까지 옮길 수 있는 방법을 알아내는 일이었어요. 무려 480킬로미터나 떨어진 거리였어요. 카이로에서 배로 흉상을 싣고 영국으로 옮길 셈이었지요.

> **테베**
> 나일강 상류에 있는 고대 이집트의 중심 도시였어요. 지금은 이집트 룩소르의 일부죠.

벨조니는 매우 무거운 물건을 드는 방법에 대해 어느 정도 알고 있었고, 마치 공학자와 같은 날카로운 직관력과 뛰어난 문제 해결 능력을 지니고 있었어요. 게다가 그는 일이 필요했지요. 그래서 영사의 제안에 선뜻 응했어요.

조심조심

벨조니는 세라를 데리고 테베에 도착했어요. 그리고 자신이 맡은 임무에 대해 곰곰이 생각했지요. 우선 거대한 석상을 원래 놓여 있던 무덤에서 3킬로미터 떨어진 나일강둑까지 옮겨야 했어요.

벨조니는 일꾼 수십 명을 모았어요. 그는 일꾼들에게 아주 조금씩 돌을 위로 올리라고 지시했지요. 먼저 한쪽을 들어 올리면 그다음에는 다른 쪽을 들어 올리는 식이었어요. 일꾼들은 통나무 네 개를 한 번에 하나씩 석상 밑에 끼웠어요. 굴림대로 사용하여 석상을 옮길 생각이었지요. 그러고 나서 뒤에 있는 일꾼들이 석상 뒤에서 앞으로 조금씩 이동하는 사이 다른 일꾼들은 앞에서 밧줄로 끌어당겼습니다. 이틀 동안 200미터를 옮겼어요. 7월에, 그것도 사하라 사막에서요.

어떤 곳에서는 석상이 무게 때문에 사막 모래에 빠져 버리는 바람에, 일꾼들이 300미터 가까이 되는 거리를 돌아가야 했습니다. 하지만 닷새 후 석상을 강둑까지 끌고 갔어요. 그러고 나서 카이로로 향하는 배에 석상을 실었습니다.

벨조니와 세라는 이집트에 푹 빠졌습니다. 그래서 이곳에 계속 머물렀어요. 대개 솔트의 고용인으로 지냈던 이 차력사는 이집트 이곳저곳을 돌아다니며 지금까지 발굴한 무덤 중 가장 아름다운 무덤의 위치를 알아냈어

많은 일꾼들이 거대한 석상을 옮기고 있어요. 보기만큼 재미있지는 않아요.

요. 그는 기자에 있는 거대 피라미드 중 하나의 중심으로 들어가는 입구를 발견했어요. 낙타를 타고 사하라 사막 동쪽을 지나 홍해의 베레니케라 부르는 고대 항구 마을의 유적도 찾아냈지요. 그리고 이집트에서 약탈한 수많은 유물들을 끌고 와서 영국으로 향하는 배에 실었습니다.

위험한 직업

한 나라의 문화유산을 약탈하는 일은 참 힘들어요. 특히 이집트라면요. 기온이 무려 섭씨 50도까지 치솟아 오를 때도 종종 있었고요. 한번은 무덤 속 좁은 통로에 벨조니의 거대한 어깨가 끼어서 안내인들이 빼 준 적도 있었어요. 또 어떤 날은 사막을 횡단하고 있는데 벨조니가 타고 있던 낙타가 비틀거리더니 쓰러져 벨조니를 덮쳤어요. 그 때문에 벨조니는 갈비뼈 몇 대가 부러지고 말았지요. 그는 현지 족장의 집으로 실려 갔고 회복될 때까지 그곳에 며칠 동안 머물러야 했어요.

또 언제는 새로운 임무를 받았어요. 거대 **오벨리스크**를 발굴하여 옮기는 것. 오벨리스크를 배에 싣기 위해 일꾼들은 바위로 경사로를 만들었어요. 하지만 오벨리스크를 끌고 가다가 경사로가 무너지는 바람에, 후에 벨조니가 이야기하기를, 귀중한 오벨리스크가 "장대하게 강물에 빠져 버렸다"고 해요. 위대한 벨조니는 어떻게든 오벨리스크를 다시 끌어 올렸고, 이번에는 제대로 배에 실었지요.

> **오벨리스크**
> 꼭대기가 뾰족한 돌기둥이에요.

원래 자리인 이집트에 놓여 있는 오벨리스크 한 쌍

무한 경쟁

19세기 유럽에서는 이집트 열풍이 불었어요. 사람들은 오랫동안 고대 이집트의 신비하고도 수수께끼 같은 과거에 갑자기 관심을 보였지요. 유럽인들이 골동품을 사냥하러 이집트에 속속 도착했어요. 어떤 이들은 진정한 학자들이었어요. 그밖에 다른 이들은 그저 돈에 눈이 멀어 온 사람들이었고요. 무덤을 약탈하고 유물을 고향으로 가지고 가서 몇 배는 부풀린 가격으로 파는 것이 주된 목적이었어요. 수많은 초기 고고학자들은 지금 기준에서는 고고학자와 도굴꾼의 중간쯤에 있었어요. 벨조니도 마찬가지였죠.

벨조니를 도굴꾼으로 볼 수도 있고, 이집트의 과거를 세상에 알리는 데 진심으로 열정을 보였던 사람으로 볼 수도 있지만, 그가 한 일은 어마어마한 체력과 용기, 위기 대처 능력이 필요하다는 사실은 두말할 필요가 없어요. 하지만 오늘날 기준으로 따져 볼 때 너무나 의아한 방식으로 발굴한 적도 종종 있었지요. 현대 고고학자들이 유물을 발굴할 때 손으로 쓰는 연장과 붓으로 아주 천천히, 그리고 세심하게 신경을 쓰는 데 반해, 벨조니는 그런 섬세함이 부족했어요. 그는 망치로 마구 후려쳐서 굳게 잠긴 무덤의 문을 열었지요. 벽과 석상 아래에 자신의 이름을 새겨서 최초로 유물을 발견한 사람이 자신이라는 사실을 알리려고 했어요.

그는 미라 무더기 위를 기어다니며 시신을 마구 밟고 뼈를 으스러뜨렸어요. 그리고 죽은 자들과 함께 사후 세계로 보내는 보물을 약탈해 가는 일을 아무렇지도 않게 여겼지요. 이집트에서 머무는 5년 동안 벨조니는 상이집트(이집트 남부)와 누비아 전역에 있는 무덤을 모조리 발굴했어요. **파피루스**와 미라부터 거대 오벨리스크와 **석관**까지 모조리 훔쳐 갔어요.

벨조니는 그 시대가 낳은 산물이었어요. 으레 그

> **파피루스**
> 고대 이집트 전역에서 자라던 식물이에요. 이 식물을 재료로 만든 물건의 이름을 지칭하기도 하지요. 고대인들은 종이가 발명되기 전 파피루스에 글씨를 썼어요. 66쪽에서 파피루스에 대해 좀 더 자세히 알아볼게요.

약으로 쓰인 미라

미라가 있던 구덩이는 고대의 평범한 이집트인들에게는 단순한 묘지였어요. 무덤에는 미라가 수십 구 쌓여 있었지요. 벨조니가 살았던 시대에 현지 주민들은 미라 시장이라는 것을 열어 기괴하게 생계를 유지했어요. 이들은 미라를 모아 가루로 만든 뒤 약으로 썼지요. 12세기 초반까지 미라 가루는 온갖 종류의 질병에 특효약이라고 믿었어요. 미라 특효약은 벨조니가 살았던 시대에도 인기를 모았답니다.

때는 누구나 그렇게 행동했지요. 무관심한 지배자들은 수천 년 전 과거 유물에 그다지 신경을 쓰지 않았어요. 부패한 현지 관리들은 걸핏하면 뇌물을 받았고 가난에 찌든 마을 주민들은 얼마든 돈을 내겠다는 사람들에게 미라와 파피루스 두루마리, 석상 등을 팔았어요. 벨조니가 발굴한 유물 대부분은 현재 영국 박물관과 유럽 각지의 박물관에 있답니다. 가장 큰 손해를 본 나라는 이집트였어요. 18세기에는 프랑스가 이집트 유물을 샅샅이 뒤졌고, 19세기에는 영국이 들쑤셨어요. 두 나라에서 온 외국인들은 확실하지도 않은 물건도 빠짐없이 다 가져가 버렸어요.

석관
고대 이집트인들이 중요한 인물들의 미라와 부장품을 넣은 고급 관을 말해요.

영국으로 돌아오다

벨조니는 고고학 '신사들'에게서 진정한 고고학자로 인정받지 못했어요. 그는 솔트와 다른 이들이 자신을 '보수를 받는 도우미'로 대한다는 사실을 뼈저리게 느꼈고 다른 사람들이 자신의 공을 가로챘다는 느낌을 받았어요. 실제로 오늘날 영국 박물관에는 벨조니가 발굴한 이집트 유물에서 솔트의 이름을 거의 다 볼 수 있어요. 벨조니와 세라는 1819년 이집트를 떠나 영국으로 돌아갔어요. 1년 후 그는 장문의 여행기를 책으로 냈는데, 이

벨조니는 자신이 처음 유물을 발견한 사람이라는 것을 알리기 위해 이렇게 유물에 자기 이름을 새겼어요.

마지막 장

벨조니의 여행기 마지막 장은 세라가 썼어요. 이 장의 제목은 〈벨조니 부인이 쓴 이집트와 누비아, 시리아 여성에 관한 소소한 이야기〉였지요. 부인의 경험담을 재미있게 정리했는데, 이집트와 팔레스타인 여성의 일상생활을 담은 희귀한 기록이었어요. 벨조니의 아내로서 세라는 여성들과 독특한 관계를 맺었어요. 보통 현지 관리의 아내들과 친하게 지냈답니다. 세라 벨조니는 노년까지 오래 살았어요.

를 통해 그는 경쟁자들을 응징하고 자신의 모험담을 알리려 애썼어요. 책은 날개 돋친 듯 팔렸고 그는 유명 인사가 되었지요.

마지막 여행

벨조니는 얼마간 영국에서 유명 인사의 지위를 톡톡히 누렸어요. 하지만 명성이 그에게 부를 안겨 주지는 않았지요. 그는 다시 아프리카로 향했어요. 이번에는 나이저강에 있는 유물을 찾아 나섰지요. 하지만 다시는 유물을 찾지 못했어요. 그는 1823년 팀북투로 가던 길에 이질로 세상을 떠나고 말았습니다. 그때 그의 나이는 마흔다섯 살이었어요.

현재로 돌아와서

오늘날 벨조니가 발굴한 유물은 영국, 이탈리아, 독일, 프랑스 등 유럽 박물관 어디를 가든 볼 수 있어요. 위대한 쇼맨으로서, 벨조니는 고대 이집트에 대해 어마어마한 흥미와 열정을 일으킨 공을 세웠어요. 그리고 그가 발굴한 유물은 지금까지도 계속 관심을 불러일으키고 있답니다.

4장
차곡차곡 쌓인 악어 속에

발견

1899년, 하이집트에서 일어난 일이에요. 한 남자가 악어에 둘러싸여 있어요.

여러분은 그가 겁에 질렸다고 생각하겠죠. 나일악어는 기린만큼이나 크게 자랄 수 있답니다. 깜짝 놀랄 정도로 빠르게 진흙탕에서 튀어나올 수 있지요. 마을 사람들도 얼마나 많이 놀라게 하는지 몰라요. 하지만 이 남자는 무서워하지 않아요. 귀찮아할 뿐이죠. 악어들은 살아 있지 않거든요. 완전히 죽어 있는 채예요. 간단히 말해 2천 년 된 미라랍니다.

고대 이집트인들은 신성한 동물을 곧잘 미라로 만들었어요. 예를 들어 고양이를 숭배했는데, 고양이가 죽으면 미라로 만들고는 했어요. 고대 이집트 도시였던 테브투니스에서는 악어를 신성한 동물로 택했습니다. 죽은 악어는 미라로 만들어져서 소베크 신에게 바치는 제물로 놓아두었어요. 소베크는 악어의 신이면서 또한 악어의 습격 등 나일 강에서 일어날 수 있는 위험한 일을 막아 주는 신이기도 했지요.

'하이집트'는 이집트 북부를, '상이집트'는 이집트의 남부를 가리켜요.

이곳에는 온갖 종류의 악어 미라가 수천 구나 있어요. 미라가 된 알부터 새끼 악어, 다 자란 악어, 3미터나 되는 거대 악어까지 다양하지요. 하지만 남자는 악어 미라에게는 관심이 없어요. 그는 다른 것을 찾고 있지요. 바로 파피루스예요.

남자는 고고학자가 아니에요. 현지 이집트인인데, 아마도 10대 아니면 많아 봤자 20대 초반 정도밖에 되지 않을 거예요. 역사에서 그의 이름은 빠졌지만, 그를 고용한 두 명의 영국인, 버나드 그렌펠과 아서 헌트는 이미 고고학계에서 유명 인사랍니다.

두 학자는 현지 청년과 동료들에게 고대 파피루스를 찾으라는 지시를 내려요. 그중 파피루스 두루마리가 가장 우선순위예요. 그렌펠과

악어의 신 소베크

헌트는 기왕이면 두루마리의 상태가 괜찮기를 바라요. 파피루스에 그동안 보기 힘들었던 고대 문자가 쓰여 있었기 때문에 꼭 보고 싶거든요. 하지만 다들 찾아낸 것이라고는 악어 미라뿐이에요.

별안간 커다란 흙더미가 남자의 눈에 띕니다. 석관이 묻혀 있는 것일까요? 중요한 인물이 세상을 떠나면 파피루스 두루마리와 함께 석관 속에 넣은 다음 사후 세계로 보내기도 해요. 그러니 파피루스 두루마리는 다음 세상으로 떠나는 재미있는 여행 기록인 셈이지요. 아니면 죽은 자가 사후 세계로 가는 데 도움이 되는 종교적 글귀일 수도 있어요. 일종의 여권처럼 말이에요.

하지만 이번에도 틀렸어요. 석관이 아니에요. 땅을 더 파 보았지만, 또 악어만 줄줄이 나올 뿐이에요. 넌더리가 난 남자는 악어 하나를 들고 밖으로 내동댕이쳐요. 미라가 된 동물이 산산조각 납니다.

그렌펠과 헌트. 악어 횡재에 기뻐하는 모습이군요.

모두들 하던 일을 멈추어요.

모두들 입이 떡 벌어집니다.

박살난 악어의 몸 안에, 파피루스가… 꽉꽉 들어차 있어요.

악어가 남긴 문서들

파피루스로 채워져 있던 악어는 엄청난 발견이었어요. 그 순간 발굴팀은 지금까지 파내고 옆으로 뻥 차 버린 악어 미라 수천 구에 관심이 생겼어요. 크리스마스 아침에 잔뜩 신이 난 아이들처럼 눈에 보이는 악어 미라라면 닥치는 대로 붕대를 벗겼지요. 하지만 악어 대부분에는 파피루스가 없었어요. 갈대와 막대기로 속이 채워져 아마천으로 둘둘 감싸져 있을 뿐이었지요. 그래도 그중에 약 2퍼센트에는 파피루스가 들어 있었어요. 그보다 큰 동물들은 몇 미터나 되는 파피루스로 겹겹이 싸여 있었어요. 비교적 작은 종이들은 몸에 난 구멍에 박혀 있었지요. 파피루스에 쓰인 글은 기원전 2세기에서 기원전 1세기까지 거슬러 올라갔어요. 그렌펠과 헌트가 파피루스 대박을 두 번째로 터뜨린 순간이었지요.

첫 번째 대박 발견

그렌펠과 헌트가 처음으로 파피루스 대박을 터뜨린 때는 테브투니스에서 파피루스를 발견하기 2년 전이었어요. 두 사람은 이집트의 다른 지역에서 발굴할 준비를 했어요. 장소는 옥시링쿠스라는 고대 도시 유적이었는데, "뾰족한 주둥이를 한 물고기의 마을"이라는 뜻이에요.

그렌펠과 헌트, 아니면 그들이 고용한 일꾼들은 쓰레기 처리장에서 어마어마하게 많은 고대 그리스·로마 시대의 파피루스 두루마리를 발굴했어요. 보통 사람들이라면 여기에 매장된 유물을 보고 별거 아니라고 생각할 수 있지만, **파피루스 학자**들에게는 고대의 세금 계산서와 소화제 제조법, 점성술 등 별천지 문서였어요. 문서 중 약 10퍼센트는 말 그대로 놀라운 발견이었어요. 철학자 아리스토텔레스와 극작가 소포클레스와 에우리피데스, 시인 사포(69~71쪽을 보세요) 등 고대 그리스 작가들이 쓴 걸작이었기 때문이지요. 여기에 호메로스가 쓴 서사시 《일리아스》의 일부가 나오기도 했어요. 문서는 모두 파피루스에 손수 쓰였어요. 그중에는 기원전 3세기에 쓰인 문서도 있었어요.

> **파피루스 학자**
> 고대 파피루스 두루마리를 연구하는 학자들이에요. 파피루스 학자 대부분이 아주 멋진 고대 문자를 읽을 줄 안답니다.

이집트인들이 파피루스를 찾고 있어요. 실제 일을 떠맡았던 당사자들이었지요.

이집트의 그리스인

그리스 마케도니아의 지도자였던 알렉산드로스 대왕은 기원전 331년에 이집트를 정복했어요. 그 후 약 3세기 동안 그리스어로 말하는 파라오가 이집트를 다스렸지요. 대부분이 프톨레마이오스라 불리는 왕조에서 대대로 내려왔어요. 클레오파트라가 프톨레마이오스 왕조 중에서 가장 유명한 파라오이자 마지막 파라오였어요. 기원전 30년에 클레오파트라가 세상을 떠나자, 로마인들이 이집트를 점령했지요. 그때부터 이집트는 다양한 문화가 한데 섞였어요. 그래서 테브투니스와 다른 고대 이집트 무덤, 쓰레기 처리장에서 발굴된 파피루스에 가지각색 고대 언어가 문자로 쓰여 있던 거예요. 여기에 쓰인 언어와 문자를 보면 그리스어와 라틴어, 상형 문자, 히브리어, 콥트어, 시리아어, 아람어, 아랍어, 누비아어, 초기 페르시아어 등 정말 다양했답니다.

둥글둥글 파피루스 두루마리

파피루스는 고대로 가는 관문을 활짝 열었어요. 그리고 점토판보다도 훨씬 앞서 나간 기록물이었어요. 파피루스는 갈대에서 나온 섬유로 만들었어요. 갈대는 한때 나일강둑을 따라 습지에 번성한 식물이에요.

　이집트인들은 갈대 줄기를 길게 벗겨 낸 다음 한 줄은 가로로, 또 한 줄은 세로로 엮었어요. 그런 다음 표면을 꽉 눌러서 폈어요. 이렇게 하면 파피루스에서 나온 수액이 표면과 표면 사이를 딱 달라붙게 만들어 주지요. 종이는 다 마를 때까지 두었어요. 이제 끝과 끝을 이어서 기다랗게 만들었고, 그 사이에는 밀가루와 물, 식초를 섞은 용액을 발라서 붙였어요. 마지막으로 이음매는 조개껍데기나 상아를 문질러 부드럽게 폈지요. 파피루스 종이는 짧게는 30센티미터, 길게는 30미터까지 나가는 것도 있었어요.

어떻게 썼을까

인쇄기는 1439년에 발명되었어요. 그 전에는 모두 손으로 직접 베껴 써야 했어요. 고대 이집트에서는 필경사라는 직업인이 이 지루한 일을 맡았어요. 필경사는 바닥에 가부좌를 틀고 앉아, 무릎 위에 파피루스를 올려놓고, 글자를 베껴 썼지요. 펜은 갈대의 일종으로 만들었는데, 검댕과 **아라비아고무**, 물을 섞어 만든 잉크를 담가서 썼어요. 필경사는 글자를 세로로 썼고, 때로는 맨 위에 쪽수도 넣었어요. 한 번에 여러 복사본을 만들기 위해, 필경사 한 무리가 둥그렇게

> 중국 승려가 그보다 6백 년 전에 목판 인쇄술을 발명하기는 했어요. 그리고 중국은 기원전 100년 즈음에 진짜 종이를 만들었지요.

> **아라비아고무**
> 아라비아고무나무 등에서 나오는 끈적끈적한 액체로 물에 잘 녹아요.

앉아 한 사람이 큰 소리로 읽어 주는 글자를 받아 적었답니다.

재사용하고 재활용하고

필경사와 두루마리

파피루스는 오래가는 재질이 아니었어요. 그리고 파피루스 두루마리도 오래 보관하기 힘들었지요. 하지만 낡아 버린 파피루스는 그냥 내다 버리기에는 너무나 비쌌어요. 그래서 보통 재사용하고 재활용했지요. 예를 들어 악어를 미라로 만들고 나서 모양이 흐트러지지 않도록 악어 미라 안에 파피루스를 채워 넣었어요. 그렇지 않으면 완전히 다른 용도로 쓰거나 석관을 만드는 데 이용되었겠지요.

사막에서 나무를 찾기란 여간 힘든 일이 아니었기 때문에, 고대 이집트인들은 종이 반죽으로 미라를 보관하는 상자를 만들었어요. 낡은 파피루스에 반죽을 발라 겹겹이 붙인 다음, 미라 보관 상자 모양으로 만드는 식이었어요. 이렇게 뭉치고 펴서 만든 파피루스를 가리켜 고고학자들은 '카르토나주', 즉 미라의 관이라 불렀어요. 관 바깥 면은 매끈하게 다듬고 색을 입혔지요.

그렌펠과 헌트는 미라의 관으로 쓰여 더욱 귀중한 파피루스 일부를 발견한 첫 번째 고고학자였어요. 그 이후 파피루스 학자들은 파피루스 조각을 읽을 수 있도록 관으로 만든 파피루스 뭉치를 분리하려 온갖 실험을 동원했어요. 어떤 방법은 다른 방법보다 효과가 있었답니다.

미라의 관에서 찾아낸 옛날 작가 중 가장 유명한 사람을 꼽자면 고대 그리스의 시인 사포가 있답니다.

알쏭달쏭 조각들

사포의 삶에 대해 알려진 정보는 그다지 많지 않아요. 사포는 고대 그리스에서 가장 칭송받는 시인 중 한 명이었답니다.

사포는 기원전 7세기 전반, 대략 기원전 610년 즈음에 태어났어요. 그리스의 레스보스라는 섬 출신이었지요. 사포는 서정 시인으로 알려졌어요. 그가 지은 시는 노랫말로 쓰였는데, **리라** 연주에 맞춰 노래로 불렀어요.

사포의 일생에 대해 온갖 이야기가 전해지지만 확실한 것은 없어요. 결혼을 했을 수도 있고요.

리라
하프와 비슷하게 생긴 현악기예요.

19세기 작가가 사포의 얼굴을 상상해서 그렸어요.

딸이 있었다고도 하지요. 남편은 먼저 세상을 떠났을 거예요. 남성과 여성 둘 다 사랑했다는 말도 있어요. 사포가 세상을 떠나고 약 1천 년 후 중세 유럽에서는, 사포가 양성애자였다는 설이 교회를 두려움으로 몰아넣었어요. 그래서 사포가 남긴 시가 발견되는 족족 다 없애 버리고 말았지요.

사포의 삶은 세월을 뛰어넘어 예술가들을 끊임없이 매료시켰어요. 예술가들은 사포가 생각에 잠긴 모습, 머리카락을 날리는 모습, 지극히 그리스인다운 옷을 입고 하얀 살결을 드러낸 모습 등을 그림으로 담았지요. 그리스 남자들은 운동장에서 벌거벗은 채 가두 행진을 많이 했지만, '존경받는' 그리스 여인들은 **페플로스**로 몸을 감싸고 얌전하게 있기를 바랐어요.

우리가 알 수 있는 사실은 사포가 사랑과 가슴앓이, 늙어 가는 것을 아름다운 시로 썼다는 거예요. 사포의 시는 2천 년이 흐른 지금도 신선한 충격을 줄 정도로 직설적이며

> **페플로스**
> 그리스 여성들이 입던 옷인데, 긴 천을 몸에 둘둘 감싸서 입었어요.

명료하답니다. 최대 1만 행이나 되어 두루마리 9개와 맞먹을 만큼 많은 시를 남겼지만, 완전한 형태로 지금까지 전해지고 있는 시는 하나밖에 없어요(참말로 고맙군요, 중세 교회 양반들!). 지금까지 발견된 나머지 시는 파편으로 남은 고작 600행뿐인데, 이마저도 미라의 관으로 쓰여 파피루스 학자들은 힘들게 떼어서 다시 조립을 해야 했어요. 그렌펠과 헌트는 사포의 시 여덟 편 중 일부를 담고 있는 파피루스 여섯 조각을 찾아냈지요. 그 이후 사포의 시가 쓰인 파편이 세상에 더 나왔어요. 가장 최근에 발견된 조각은 2012년에 나왔답니다.

현재로 돌아와서

1896년과 1907년 사이에 그렌펠과 헌트를 대신하여 유적을 발굴하던 팀은 어마어마한 파피루스 더미를 발견했어요. 파피루스 조각 수만 개는 감당할 수 없을 정도로 상태가 끔찍했지요. 검게 그을리고, 벌레가 갉아 먹고, 부패한 데다 도저히 읽을 수도 없었어요. 하지만 희망은 있었어요! 오늘날 수많은 주요 박물관과 대학에서는 파피루스를 대량으로 들여와 조각을 맞추고 해독할 준비를 마쳤어요. 새로 도입된 기술 덕분에 파피루스 학자들은 이제 빛바래고 검게 그을려서 맨눈으로는 읽을 수 없는 글자도 볼 수 있게 되었지요. 인공위성 영상 기술에서 발전한 새로운 사진 기술 덕분에 너무 빛이 바래서 일반적인 빛으로는 볼 수 없던 글자를 적외선을 쐬어 볼 수 있게 되었어요.

　작업이 끝나려면 아직도 멀었어요. 대학교와 박물관에서 보관 중인 파피루스 조각 50만 개 중 겨우 1~2퍼센트만 복원과 분류를 마쳤다고 해요. 나머지 98퍼센트는 여전히 조립되고, 해독되고, 분석되기를 기다리고 있지요.

　파피루스 학자들은 나머지 98퍼센트에서 이전에는 보이지 않았던 소포클레스와 아이스킬로스 등 고대 거장들의 작품도 찾을 수 있으리라 기대합니다. 2천 년이 넘은 성서의 일부도 찾을 것이라 생각하고 있어요. 그리고 희망사항이지만 사포의 시도 더 찾을지 모르지요. 할 일이 너무나도 많고 도움도 많이 필요할 거예요. 여러분도 고대 문자 몇 가지 정도는 배워야겠다고 생각할지 몰라요. 함께하면 얼마나 재미있을지 생각해 봐요!

5장 와장창 난파선

발견

때는 1900년. 지중해 동쪽 끝에 있는 에게해에서 일어난 일이에요. 시미섬에서 온 그리스 어부들이 **스펀지**를 잡으러 어장으로 항해하고 있어요. 그때 별안간 강한 바람이 불어 닥칩니다. 어부들은 배를 조종하여 안티키테라라고 부르는 자그마한 섬의 바닷가로 가서 며칠 동안 바람을 피해요. 안티키테라섬은 크레타섬과 그리스 본토 사이에 있답니다.

바람이 잔잔해지기를 기다리는 동안, 어부들은 근처 물속에 스펀지가 있는지 찾아보기로 해요. 안 될 게 뭐가 있겠어요? 어부가 배에서 뛰어내립니다. 하지만 얼마 지나지 않아

> **스펀지**
> 우리가 설거지할 때 쓰는 스펀지는 합성 섬유로 만든 거예요. 1950년대부터 합성 스펀지를 쓰고 있지요. 그전에는 사람들이 '천연 스펀지'를 썼어요. 바다 밑바닥에 사는 생물로 젤리같이 생겼답니다.

바다에서 잡은 천연 스펀지

그는 몸에 매달아 놓은 줄을 잡아당겨 당장 끌어 올려 달라는 신호를 보내요. 무언가 나쁜 일이 생긴 것이 분명해요. 동료들이 어부를 끌어 올립니다. 어부는 갑판에 올라서서 헬멧을 벗자마자 바다 밑바닥에 온통 시체가 누워 있었다고 고래고래 소리를 질러요. 그것도 어마어마하게 많이요. 동료들은 그가 '잠수병'에 걸렸다고 생각해요(76~77쪽 '잠수는 어려워' 편을 보세요). 그리고 그가 그렇게 횡설수설하는 까닭은 다이빙 헬멧에 연결된 호흡기에 질소가 들어갔기 때문이라고 여기지요. 그래도 선장은 바닷속을 살펴보러 뛰어들어요. 그 역시 오래 걸리지 않아요. 줄을 잡아당깁니다. 선원들이 선장을 끌어 올려요. 선장이

물 위로 떠오르자, 머리 위로 사람의 팔을 흔들어요.

팔은 청동으로 만든 것이에요. 동상의 일부지요. 결국 어부들은 스펀지보다 훨씬 재미있는 물건을 우연히 만난 셈이에요.

잠수는 어려워

고대의 스펀지 잠수부들은 밧줄에 무겁고 평평한 돌만 매달아 놓고는 별다른 장비 없이 바다 밑바닥에 사는 스펀지를 채집했어요. 잠수부는 돌을 단단히 쥐고 숨을 깊게 들이마신 다음, 바다 속으로 뛰어들었지요. 돌은 잠수부가 보다 빠르게 바닥에 닿도록 돕는 역할을 했어요. 일단 밑바닥에 닿으면, 잠수부는 스펀지를 가능한 많이 채취했지요. 채취한 스펀지는 허리에 매달아 놓은 망태가방에 넣고 입구를 여몄어요. 실력이 좋은 잠수부는 **3분에서 5분**까지 잠수할 수 있었지요.

20세기 구식 잠수복

1865년이 되자 새로운 기술이 등장했어요. 잠수부들은 고무로 만든 잠수복을 입고 우주인들이 쓰는 것과 비슷한 헬멧을 썼지요. 헬멧에는 호스를 달아 수면 위에서 압축 공기를 끌어와 숨을 쉴 수 있게 만들었어요. 그 덕분에 최대 20분까지 잠수를 할 수 있게 되었지요.

> 물속에서 가장 오래 숨을 참은 세계 기록은 24분 30초예요. 놀라지 마세요, 그냥 숨만 참은 것으로 이런 기록이 나왔답니다.

이렇게 여유 시간이 더 생기자 어부들은 스펀지를 더욱 많이 찾아냈어요. 하지만 효율이 늘어난 만큼 잠수부들은 값비싼 대가를 치러야 했어요. 몇 십 년이 지나도록 잠수부들은 '수압을 낮추는 과정'이 없이 수면 위로 너무 빨리 떠오르면 위험하다는 사실을 알지 못했어요. 압축 공기에 녹아 있던 기체가 잠수부의 몸속에서 공기 방울을 만들어서 몸을 아프게 했거든요. 이때 생기는 병을 '잠수병'이라 불렀는데 수많은 젊은이들을 죽음으로 몰아넣었어요. 어떤 이들은 심각한 관절염을 앓거나 두통에 시달렸지요. 그리고 몸이 마비된 채 평생을 살아가는 잠수부도 있었어요.

현대 잠수부들은 이제 잠수병을 막는 방법을 알고 있어요. 수면으로 올라갈 때 반드시 **아주 천천히** 올라가야 해요.

이렇게 생각해 보세요. 탄산이 가득 들어 있는 음료수가 있다면, 뚜껑을 조금씩 돌려서 열어야 해요. 그래야 병 안의 압력이 한 번에 조금씩 빠져나오니까요. 만약 한 번에 따 버리면, 음료수가 밖으로 뻥 터져 나올지도 몰라요. 같은 원리랍니다.

자세히 보면 스펀지 잠수부가 물 밖으로 나오고 있는 모습이 보일 거예요. 배에 있는 남자는 공기 펌프를 조작하고 있군요.

어쩌다 가라앉았을까

어부들은 고대의 난파선을 발견했어요. 스펀지 잠수부 선장은 그리스 정부에 보고했고, 잠수부와 고고학자 들이 현장에 도착했지요. 로마 시대의 배가 약 45미터 아래 바다 밑바닥에 가라앉아 있었어요. 고고학자들은 배가 기원전 1세기 언젠가 가라앉은 것으로 결론 내렸지요. 로마가 정복한 그리스의 식민지 중 한곳에서 로마로 돌아가던 길이었어요. 배에는 그리스의 보물이 넘쳐날 정도로 가득 실려 있었지요. 난파선을 발견한 스펀지 잠수부들의 배가 그랬듯이, 고대의 배도 강한 바람에 휩쓸려 버린 모양이었어요. 아마도 안티키테라 바닷가의 위험한 암초에 부딪혔을 거예요.

깊은 바다에서 위로

1900년, 난파선을 발견하고 곧바로 첫 탐사를 시작했어요. 잠수부들은 바다 밑에서 유물을 가지고 올라왔지요. 사람만한 청동상은 아름다운 자태를 뽐내며 세상에 나왔어요. 손잡이가 두 개 달린 물병인 암포라도 나왔고요, 향수병과 장식이 화려한 유리 그릇, 동전, 보석과 원석도 나왔어요. 실물과 비슷한 크기의 말 동상도 여러 개 나왔는데, 아마 실물 크기의 마차

초창기 발굴팀

도 함께 있었을 거예요. 대리석으로 만든 석상도 서른 개나 나왔는데, 일부는 산산조각 나 있었고, 일부는 해류 때문에 심각하게 부식된 상태였어요. 심지어 사람의 유해도 나왔어요. 그중에 한 명은 여성으로 보이는데, 로마에서 결혼식을 올리기 위해 지참금을 가지고 배에 탔던 여성이었다는 추측으로 이어졌어요.

또 다른 생소한 물건도 물 밖으로 나왔어요. 한때는 기계 부속품이었을 낡아 빠진 청동 조각 무더기였어요. 톱니바퀴와 눈금판이 있었고 글자가 새겨져 있었어요. 이 수수께끼 기계는 현지 박물관에 전시되었지만 50년

이 넘도록 다들 무관심했지요. 그러다 이것이 그 무엇보다 귀중한 유물이라는 사실이 드러났어요.

안티키테라 기계

1950년대 초반 어느 날, 한 과학자가 난파선 유물을 보러 박물관에 들렀어요. 그는 전시되어 있던 특이한 유물을 보고 한눈에 반했지요. 무슨 기능을 하는 기계일까? 누가 이런 기계를 만들었을까? 물건은 태엽으로 감는

이 알쏭달쏭한 기계의 정체는?

알람 시계와 닮았어요. 하지만 이 장치는 시계가 발명되기 한참 전에 만들어진 것이었지요.

　몇 년 후, 과학자는 그 진기한 물건에 관한 논문을 냈어요. 다른 이들이 논문을 읽고 똑같이 큰 관심을 보였어요. 수학자와 기계공학자, 역사가, 고고학자 들이 물건을 자세히 살펴보기 위해 그리스에 왔어요. 학자들은 생각을 나누고, 가능할 법한 사용법에 관해 여러 가설을 제기했지요. 하지만 2천 년이라는 세월 동안 바다 밑바닥에 가라앉은 채 찌그러지고 부식되었기 때문에, 과학자들은 그저 추측밖에 할 수 없었어요.

　그리고 이제 새로운 기술이 등장했어요. 첨단 영상 도구로 낡은 외부 안쪽을 들여다보고, 장치의 작동 방식을 복원할 수 있게 되었어요.

이토록 놀라운 기계

원래는 최소 서른 개가 넘는 청동 톱니바퀴 가장자리에 수천 개 작은 톱니가 서로 맞물려 복잡하게 돌아가는 기구였어요. 톱니바퀴는 모두 신발 상자만 한 나무 용기에 들어 있었지요. 손잡이를 돌리면 톱니바퀴가 돌아갔어요. 계기판의 앞면과 뒷면에는 바늘이 돌아가며 행성의 위치와 달의 모양, 여기에 월식과 일식 전후로 어떤 일이 일어날지를 보여 주었어요. 기계에는 글자가 새겨져 있었고, 그리스 별자리 그림과 이집트 달력의 날짜도 있었어요. 고대 그리스어로 기계를 작동하는 법과 바늘이 가리키는 것이 무엇인지 알려 주는 설명서도 작은 글씨로 새겨져 있었지요. 그래서 이게 뭐냐고요? 그리스의 우주관을 보여 주는 기계였어요. 달의 공전 궤도를 놀라울 정도로 세밀하게 계산할 수 있었지요. 현재 행성의 위치도 알 수 있었고, 날짜를 바꾸면 앞으로 어떤 위치에 있을지도 알 수 있었어요. 숫자를 설정할 수 있는 기계였다는 말이지요. 컴퓨터처럼 말이에요. 사실 컴퓨터나 마찬가지였어요.

이제 과학자들은 이 장치가 기술적으로 매우 수준이 높다고 인정했어요. 이후 최소 1500년 동안 이만큼 정교한 수준은 만들어지지도 않았답니다.

누가 이 놀라운 물건을 발명했을까요? 아마도 여러 명이 만들었겠지요. 그리고 이런 종류의 기계도 여럿 있었을 거예요. 과학자들은 설명서에 적힌 언어가 오늘날 이탈리아 시칠리아의 시라쿠사에서만 쓰였던 그리스어 형태라는 사실에 주목했어요. 고대의 가장 위대한 수학자가 바로 그곳 출신이었어요. 그의 이름은 아르키메데스랍니다. 그가 이 장치를 만들었을까요? 아니면 그의 아이디어 덕분에 이 장치가 만들어진 것일까요?

왕 바꿔치기

그리스의 황금기가 오기 전 수백 년 동안, 바빌로니아의 천문학자들은 점토판으로 계산을 하여 월식과 일식 주기를 알아내고 앞으로 언제 월식과 일식이 찾아올지 예측했어요. 천문학자들과 점성술사들은 월식과 일식을 예측하는 능력을 사용하여 왕에게 조언을 올렸어요. 월식과 일식은 지배자에게 나쁜 징조라고 여겨졌기 때문이에요. 바빌로니아인들은 해결책을 찾아냈어요. 일식과 월식이 찾아오기 직전, 재위 중이던 왕은 잠시만 왕좌에서 물러났어요.

왕의 대리인(대개 유죄 판결을 받은 죄수)이 왕으로 지명을 받았어요. 그러고 나서 일식이나 월식이 일어나면 모든 나쁜 징조는 이 임시 지배자에게 몰리겠지요. 일식과 월식이 끝나면 왕의 대리인은 살해당했어요. 그리고 진짜 왕이 다시 왕좌로 돌아왔지요. **문제 해결!**

> 이런 경우도 있었어요. 어떤 수메르 왕은 왕관을 정원사의 머리에 씌우고 그를 임시 왕으로 앉혔어요. 하지만 진짜 왕은 뜨거운 죽을 먹다가 죽고 말았지요. 그래서 정원사가 그대로 왕위를 물려받았어요.

바빌로니아의 왕(가장 오른쪽). 점성술사의 조언을 귀 기울여 듣는 것 같아요.

현재로 돌아와서

안티키테라 기계에 관해 밝혀내야 할 점은 여전히 많아요. 2016년 해골만 남은 유해 일부가 안티키테라 난파선에서 나왔어요. 과학자들은 유해의 유전자를 검사하고 싶어 해요. 그러면 선원들의 나이와 성별, 여기에 생김새까지 자세한 정보를 얻을 수 있을 거예요.

   지중해는 고대 문명들의 고속도로였어요. 지중해를 통해 고대 세계의 물건과 사람, 아이디어 등이 수없이 오고 갔지요. 수많은 난파선이 여전히 바다 밑바닥에 가라앉은 채 과거의 모습을 계속해서 보여 주고 있어요.

6장

그의 주장은 옳았어

발견

1908년. 뉴멕시코 동부에 있는 소 방목장이에요. 조지 맥정킨이라는 카우보이가 말을 타고 이제 막 길을 떠나려던 참이지요. 그는 폴섬이라는 작은 마을에서 몇 킬로미터 떨어진 크로풋 목장의 관리자예요.

최근 무시무시한 폭풍이 몰려와 마을을 덮쳤는데, 조지는 피해가 얼마나 되는지 알아보고 싶어요. 강우량이 33센티미터나 되는 엄청난 비를 뿌린 폭풍우가 지나간 뒤, 물이 무서운 속도로 불어나 폴섬을 휩쓸고 갔기 때문이에요. 이 때문에 집들이 쓸려 나가고 가축은 물론 사람도 열세 명이나 목숨을 잃었어요. 그리고 나서 빗물이 조지의 목장으로 쏟아져 들어오며 **소협곡**을 훨씬 넓고 깊게 만들어 버렸어요.

조지가 소협곡에 다가가자, 철조망 아래로 3미터

> **소협곡**
> 사막 지역의 깊고 좁은 길을 뜻해요.

1908년 홍수가 일어난 후, 중요한 고고학적 증거가 나타났어요. 사진에 있는 사람이 조지 맥정킨으로 보이지만, 확실하지는 않아요.

깊이의 도랑이 새로 생겨 입을 쫙 벌리고 있는 모습이 눈에 들어와요. 도랑을 뚫어져라 바라보는데, 바닥 근처에 삐죽 튀어나온 하얀 물체가 보이네요. 뼈예요. 그것도 커다란 뼈요. 조지는 배수로 아래로 내려가 땅을 파 보아요. 그리고 뼈를 집으로 가져가지요. 나중에 배수로로 돌아와서 땅을 더 팝니다. 뼈가 아주 많아요.

조지 맥정킨은 그저 평범한 카우보이가 아니에요. 관찰력도 뛰어나고 과학적으로 생각하는 사람이지요. 그리고 이 뼈들이 심상치 않다는 사실을 알아차려요. 우선 그의 경험과 독서에서 얻은 지식으로 미루어 볼 때, 뼈가 매우 오래되었다고 확신해요. 그리고 언뜻 버팔로라는 들소의 뼈로 보이지만 이전에 본 들소 뼈보다 훨씬 커요. 그는 멸종된 생물의 뼈라는 강한 확신이 들어요.

유색 인종 카우보이

카우보이는 미국 서부의 상징이에요. 영화나 텔레비전에는 주로 백인 카우보이들이 등장하지만, 사실 카우보이는 백인만 있지 않았어요.

스페인 사람들은 1400년대 후반에 말과 소를 북아메리카에 들여왔어요. 그리고 1500년대에 이르러 식민지 정착민들은 말과 소를 더욱 많이 데리고 들어왔지요. 1700년대에 '아시엔다'라는 대규모 소 방목장이 세워지자, 말을 타고 소를 잘 다룰 줄 아는 젊은 일꾼이 많이 필요해졌어요. 이곳에서 일하던 젊은이들 대부분은 원주민이었는데, 다들 말타기에 뛰어났어요. 스페인 사람들은 이들을 가리켜 '바

냇 러브는 조지 맥정킨과 비슷한 시대에 살았던 유명한 흑인 카우보이였어요.

조지는 자신이 발견한 물건을 알리려 편지를 수도 없이 돌리지만, 아무도 관심을 주지 않습니다. 사람들 눈에 그는 그저 평범한, 그것도 흑인 카우보이니까요. 과학자들이 비로소 조지가 발견한 것을 주목하기까지는 20년 가까이 걸렸어요. 하지만 그가 발견하고 특별한 의미가 있다고 생각했던 그 물건은 상상했던 것보다 훨씬 극적이고 중요한 것으로 드러납니다.

케로(vaquero)'라 불렀어요. 아마도 소를 의미하는 스페인어 바카(vaca)에서 왔을 거예요. 1600년대까지 바케로들은 원주민이나 스페인 사람들과의 혼혈 또는 흑인이었어요. 스페인 사람들 밑에서 노예로 지내던 흑인들이 새로운 세계로 들어와 정착했던 것이지요.

초기 미국 카우보이들은 바케로에게서 소 모는 법을 배웠어요. 미국 카우보이들 중에는 노예도 있었어요. 자유 신분으로 풀려났다 해도 일은 고달팠고 급여도 형편없었어요. 음식도 끔찍했고요. 1865년 남북 전쟁이 끝나자 수많은 젊은 흑인들이 남부를 떠났어요. 앨라배마와 사우스캐롤라이나를 떠난 흑인들은 텍사스와 그 너머로 이주했어요. 일손이 너무나 필요했던 목장 주인들은 흑인들을 두 팔 벌려 환영했지요. 19세기 후반 카우보이 네 명 중 한 명은 흑인이었어요.

흑인과 멕시코 출신 카우보이, 원주민 카우보이들은 차별과 편견에 맞닥뜨렸어요. 급여도 백인 동료들보다 낮았고요. 게다가 인종차별주의는 백인이 아닌 카우보이를 역사책에서 지워 버렸어요. 그러나 최근 미국 역사에서 유색 인종 카우보이의 역할이 드디어 다시 조명받았답니다.

카우보이 과학자

조지 맥정킨은 1851년 텍사스의 한 목장에서 노예로 태어났어요. 아버지는 대장장이였는데, 주로 말편자를 만들었지요. 그래서 조지는 말과 함께 자랐어요. 그는 말을 타고 채찍을 휘두르는 법을 배웠지요. 마침내 아버지는 자유의 몸으로 풀려날 만큼 돈을 모았어요. 아버지는 조지도 자유롭게 풀려나도록 계속해서 열심히 돈을 벌었는데, 남북 전쟁이 끝나고 북부 연합군이 목장으로 와서 조지와 남은 노예들이 이제 모두 자유가 되었다는 사실을 알려 주었어요.

조지는 당시에 어린 10대 소년이었어요. 그는 솜씨 좋은 소몰이꾼이 되었고, 얼마 지나지 않아 뉴멕시코에 있는 목장에 가게 되었어요. 그는 이곳을 무척이나 좋아했어요. 백인과 흑인, 멕시코인, 원주민 들이 뒤섞여 아름다운 풍경 속에서 함께 어울려 살았으니까요.

조지는 영리하고 셈이 빨랐어요. 그는 다른 카우보이들에게 야생마 길들이는 법을 가르쳐 주고 그 대가로 읽고 쓰는 법을 배웠지요. 배우는 속도도 빨랐어요. 게다가 스페인어도 능숙하게 구사했지요. 목장 주인들은 그의 통찰력과 판단력을 높이 샀어요. 그래서 땅의 경계를 놓고 다툼이 벌어질 때 중재해 달라는 요청도 자주 받았지요. 그는 나라에서 가장 존경받는 소몰이꾼 중 하나가 되었어요. 하지만 그가 진정으로 사랑한 분야는 과학

카우보이 과학자 조지 맥정킨

이었어요. 그는 백과사전과 과학책을 닥치는 대로 읽었지요. 화석과 암석, 화살촉 등도 모았어요. 게다가 망원경도 가지고 있었답니다.

  뼈를 발견한 후, 조지는 뼈와 화석에 관해 알 만한 몇몇 사람들에게 편지를 썼어요. 그는 뼈를 발견한 위치와 '뼈 구덩이'라 이름 붙인 곳에 대해 자세하게 알려 주었지요. 하지만 조사하겠다고 답한 사람은 아무도 없었어요. 소협곡에 닿으려면 말을 타고 한참동안 가야 했는데, 그렇게 먼 곳까지 가려는 사람이 도통 나오지 않았어요. 세월이 흐르고, 조지도 나이를 먹어

1922년 세상을 떠났어요.

이제 자동차가 곳곳에 등장했어요. 20세기는 자동차로 어디든 여행할 수 있는 황금기였지요. 자동차를 몰고 다니는 사람들이 점점 더 많아지고, 이제 조지가 발견한 뼈 구덩이도 자동차로 갈 수 있게 되었어요. 조지가 세상을 떠나고 겨우 몇 달 후, 조지가 편지를 보낸 사람 중 대장장이와 은행원 두 명이 현장을 살펴보러 구덩이에 가기로 했어요. 그들은 현장에 강하게 이끌려 사진을 찍었어요. 1926년, 콜로라도 자연사 박물관 소속의 한 과학자가 현장에 관심을 보였습니다. 발굴이 시작되었어요. 상태가 좋은 고대의 골격을 발굴하여 박물관에 전시하는 것이 목표였어요. 하지만 그 밖에 무엇이 나올지는 아무도 알지 못했지요.

결정적 증거가 나오다

아주 오래된 뼈대가 여러 개 나왔어요. 다 합해서 서른두 개였는데, 대부분 온전한 상태였지요. 조지가 추측한 대로 뼈대는 수천 년 전에 **멸종한 거대 들소**의 뼈로 밝혀졌어요. 하지만 어떻게 이 동물들이 한곳에서 한

> 비손 안티쿠스는 2미터 높이에 몸무게는 1톤이 넘었어요. 소 두 마리 정도의 크기에 지프차와 맞먹는 몸무게였지요.

꺼번에 죽었을까요? 인간 사냥꾼의 소행이 아니었을까요?

일부 유명 과학자들은 이러한 견해에 콧방귀를 뀌었어요. 당시에 과학자 대부분은 팔레오 인디언이라 불리던 초기 북아메리카인이 기원전 2000년 이후에 북아메리카에 정착했다고 생각했어요. 여기서 들소가 죽었을 때였던 기원전 8000년에는 사람이 살았을 리가 없었어요.

그러다가 1927년 현장에서 발굴을 하던 사람들은 주변에 인간이 있었다는 증거를 찾아냈어요. 창끝을 발견한 것이지요. 그중에 하나는 들소의 갈비뼈에 박혀 있었어요. 인간이 던진 창에 들소가 맞아 목숨을 잃었다는

1927년, 고인류학자가 조지 맥정킨이 찾아낸 현장을 탐사하고 있어요.

조지 맥정킨은 이 고대 들소와 인간이 공존했다는 증거를 찾아냈어요.

증거였어요. 그리고 그 말은 인간이 적어도 1만 년 전에 고대 동물과 함께 살았다는 뜻이었어요. 그리고 과거 이곳에 살던 사람을 근처 마을의 이름을 따서 폴섬인이라 이름 붙였지요. 과학자들은 이곳이 '사냥터'였다는 견해를 내놓았어요. 사냥꾼들은 들소가 도망가지 못하도록 높다란 벽으로 막힌 계곡으로 몬 다음, 창을 던졌어요. 기존에 가지고 있던 고고학 지식뿐만 아니라 초기 북아메리카인에 관해 알고 있던 수준을 훨씬 뛰어넘는 증거였어요.

폴섬 유적지가 발견된 이후, 인간이 현재 멸종된 동물과 함께 살았다는 것을 알려 주는 또 다른 현장이 새롭게 발굴되었어요. 유물 중 일부는 심지어 폴섬보다 더 오래되었답니다.

현재로 돌아와서

조지 맥정킨이 발견한 것은 핵심적인 사실 몇 가지를 증명했어요. 현대 과학자 대부분은 초기 북아메리카인들이 꽁꽁 얼어 있던 베링 해협을 건너 아시아에서 북아메리카로 걸어왔다는 이론을 받아들였지요. 그러나 미국에 사는 토착민 대부분은 이 이론에 반박하고 있어요. 원주민들이 전하는 신화에 따르면 사람들은 해수면이 아주 낮아지며 아시아와 북아메리카의 거리가 짧아졌을 때 배를 타고 건너갔다고 해요. 어떤 이들은 육지에서 온 사람들이 남쪽으로 이동했다고 이야기하지요. 조지 맥정킨 등이 발견한 유물은 과학자들이 초기 인류가 어떤 사람들인지, 그리고 그들이 어디에서 왔는지 더 연구할 필요가 있다는 것을 말해 줍니다.

오늘날 폴섬 유적지는 북아메리카에서 가장 유명한 고고학 현장 중에 하나가 되었어요. 이곳은 뉴멕시코 주립 기념물로 지정되었어요. 조지 맥정킨은 당시에 이 놀라운 발견을 설명한 기사 어디에서도 언급되지 않았어요. 아마도 흑인이라는 이유로 그가 세운 공이 무시당한 걸 테지요. 1920년대와 1930년대는 미국 역사에서 인종 차별이 극심했을 때예요. 당시 발견에 대한 공은 조지가 죽고 나서 현장을 방문했던 백인 두 명에게 돌아갔어요. 최근에야 조지 맥정킨 덕분에 우리가 '신대륙'에 살았던 초기 인류를 알게 되었다는 사실이 인정받게 되었답니다.

  이제 여러분은 그의 이름을 잘 알아요.

7장
구석기 시대의 화가들

발견

때는 1940년. 장소는 프랑스의 남서부에 있는 몽티냑 근처 소나무 숲. 제2차 세계대전이 터지고 독일이 프랑스를 침략한 직후예요. 나치 독일이 파리와 프랑스 북부 지역을 점령했지만, 몽티냑은 **자유 지대**로 알려진 곳에 속해 있지요. 많은 피난민들이 이 지역으로 물밀듯 쏟아져 내려왔어요.

9월 초 어느 날, 네 명의 10대 소년들이 라스코라 부르는 저택 뒤의 소나무 숲으로 향하고 있어요. 아이들은 이곳 어딘가에 지하로 들어가는 통로가 있는데, 오래된 저택으로 이어진다는 소문을 들은 터였지요. 그 중에 마르셀 라비다가 자신의 반려견인 로보를 데리고 왔어요. 마르

> 프랑스 다른 지역과는 달리 이곳은 아직 나치 독일의 침략을 받지 않았어요. 전쟁이 일어나고 한참 후에야 나치 독일은 몽티냑을 포함한 프랑스 전체를 점령합니다. 프랑스는 1944년에 해방되었어요.

셀은 차량 정비 훈련을 받고 있지요.

아이들은 로보가 짖는 소리를 들어요. 개가 바람에 쓰러져 버린 검은 딸기나무의 뿌리에 뒤엉켜 있지 뭐예요. 아이들은 개를 구해 주려고 뿌리를 걷어 내다가 구멍을 하나 발견해요. 안을 들여다보는데, 아래에 어둡고 거의 수직으로 뻗어 있는 통로가 있어요. 아이들은 통로의 길이가 얼마나 되는지 가늠해 보려고 돌을 던져서 바닥에 떨어지는 소리를 들어 봅니다. 그리고 나중에 손전등과 적당한 도구를 가지고 다시 돌아오기로 하지요.

나흘 후 마르셀이 돌아옵니다. 이번에는 다른 친구를 데리고요. 자크 마르살이라는 열다섯 살 난 소년이에요. 그리고 다른 소년들이 두 명 더 있었는데, 열다섯 살의 시몽 코앵카와 열일곱 살 조르주 아그닐이라는 전쟁 피난민이에요.

마르셀이 가장 먼저 포복 자세로 어두운 통로를 타고 내려가요. 다른 아이들도 그의 뒤를 따라 구멍 안으로 들어가고요. 전등을 들어 올리자, 이곳이 커다란 동굴 속이라는 걸 알게 됩니다. 그리고 벽은 온통 그림으로 가득해요. 아이들은 좀 더 조심스럽게 동굴을 탐험하며 통로를 따라 더 많은 방을 발견해요. 벽은 모두 아름다우면서도 알록달록한 그림과 조각으로 덮여 있어요. 돌격하는 소와 질주하는 말, 뛰어오르는 사슴들이 있고요. 어떤 그림은 어마어마하게 커요. 어떤 것

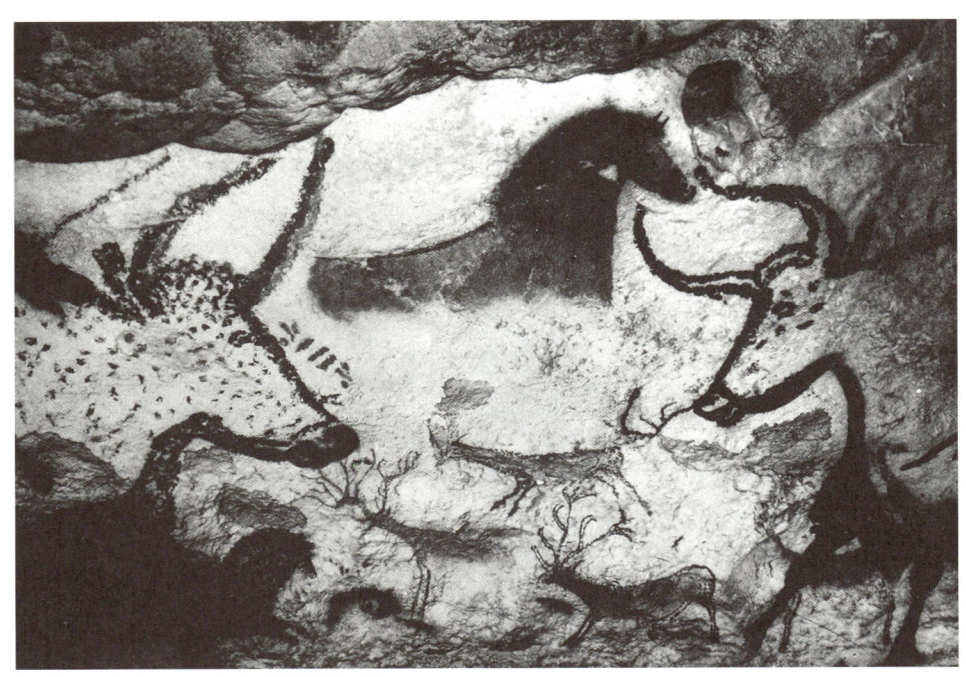

라스코 벽화는 다채로운 색상에 역동적인 모습으로 가득했어요.

은 아이들의 머리 위를 훌쩍 넘길 정도로 높이 뻗어 있고요. 그야말로 숨이 막힐 것 같은 광경이에요.

 아이들은 몇몇 친구에게 자신들이 본 이야기를 들려주어요. 그 후 마을에 사는 아이들에게 이야기가 퍼져 나가고, 아이들은 자신들이 발견한 것을 어른들에게 알려야겠다고 마음먹어요. 학교 교사였던 라발 선생님께 이 사실을 알립니다. 레옹 라발은 그 지역의 선사 시대 연구회 회원이에요.

라스코 동굴 입구 앞에 선 라발 선생님과 마르셀, 자크, 고고학자 브뢰유(왼쪽부터)

라발 선생님은 힘들게 동굴 아래로 들어가요. 동굴 안을 보자마자 그는 그림이 진짜 오랜 옛날에 그려진 것들이라는 것을 알아차리지요. 그리고 어마어마한 발견이라는 사실도 깨닫습니다.

"우리의 젊은 영웅들과 함께 그 엄청난 곳에 도착하는 순간, 제 눈앞에 펼쳐진 그 웅장한 장면을 보고 감탄을 금할 수 없었답니다."

후에 선생님은 이렇게 말해요.

남은 전쟁 기간 동안, 동굴에 대한 이야기는 지역 주민들 사이에 비밀로 부쳐집니다. 프랑스 저항군은 동굴에 무기를 보관하며 나치에 맞서 싸워요. 전쟁이 끝나고 나서야 나머지 세상이 이 놀라운 발견을 알게 된답니다.

전쟁이 끝난 후 1948년, 그 지역 땅을 소유한 지주가 관광객들에게 동굴을 개방해요. 수천 명의 사람들이 놀라운 선사 시대의 작품을 보기 위해 몰려든답니다. 이제부터 이곳은 라스코 동굴로 알려지게 되어요.

창의력 넘치는 문화

라스코 동굴 벽화를 그린 사람들은 석기 시대에 살았어요. 고고학자들은 석기 시대를 구석기, 중석기, 신석기의 세 구간으로 나눕니다. 라스코 벽화를 그린 사람들은 17,000년에서 19,000년 전인 후기 구석기 시대에 살았어요. 그들은 구석기 시대 최후기인 '마들렌기'라고 알려진 시대에 속했지요. 외모는 현대의 인간과 닮았어요. 희미한 조명 아래에서 마들렌기 사람들을 본다면, 아마도 우리와 다른 점을 알아채지 못할 거예요. 저 사람들이 왜 물소 가죽 옷을 입고 키가 150센티미터밖에 되지 않는지 궁금하긴 하겠지만 말이에요. 그들은 빙하기가 막 끝난 직후에 살았어요. 그래서 오늘날 프랑스와 비슷한 온화한 기후를 누렸지요.

마들렌기 사람들은 수렵과 채집을 주로 했어요. 농사를 지어 식량을 얻는 법을 알기 전에 살았던 사람들이었다는 뜻이에요. 그들은 동물을 사냥하고 과일이며 열매, 딸기류를 모았어요. 온화한 기후 덕분에 음식을 식탁에 올리느라 매번 사냥과 채집을 하러 다닐 필요가 없었어요. 그래서 꽤 복잡한 문화를 발전시킬 수 있었지요. 그림을 그리고 장식물을 만들었어요. 그리고 의식을 치르는 공간도 마련했답니다. 춤을 추고 음악도 연주했고요. 단순히 돌멩이나 **부싯돌**을 이용하는 것보다 뼈나 뿔 등 더 정교한 재료로 도구를 만들어 냈지요. 심지어 뼈바늘로 바느질도 했어요.

> **부싯돌**
> 석영이라 부르는 광물의 일종으로, 단단한 돌이에요.

마들렌기 사람들은 자신들이 사냥했던 들소(지금은 멸종한 스텝 바이슨) 그림을 그렸어요. 기다란 뿔이 달렸고 높이가 무려 2미터에 달할 정도로 컸지요. 미니밴만한 크기의 동물을 죽인 것은 부족들에게 신나는 축제를 열 명분이 되었을 거예요. 어떤 동물에서는 680킬로그램이나 되는 고기가 나오기도 했어요. 그뿐만 아니라 지방은 불을 때는 연료가 되어 주었고, 뼈는 도구와 조각의 재료가, 가죽은 옷과 신발, 텐트의 재료가 되어 주었지요.

도화지가 된 동굴 벽

라스코 동굴에는 실제로 사람들이 살지 않았어요. 학자들은 벽화가 그려진 방이 신성한 의식을 치르기 위한 장소로 사용되었으리라 생각하지요.

퇴적물이 쌓인 상태를 토대로 연대를 측정해 보니(272쪽을 보세요), 대략 기원전 13000년에 일어난 산사태가 동굴 입구를 막았다고 결론 내렸어요. 그 덕분에 수천 년 동안 이 동굴은 세상에서 숨겨진 채 온전히 보존될 수 있었던 거예요.

가장 큰 동굴은 높이 20미터에 너비가 5미터가량 되어요. 다른 방과 가장 큰 동굴로 이어진 통로의 길이를 다 합치면 무려 250미터에 가깝답니다. 이곳에는 600개에 달하는 동물 그림이 그려져 있어요. 야생마와 사슴, 들소, 산악 염소, 대형 고양잇과 동물, 순록 등이 있고, 지금은 멸종했지만 황소의 조상 격인 야생 소 그림도 그려져 있지요. 수수께끼 같은 상징도 있어요. 그림과 조각은 붉은색, 검은색, 갈색, 노란색 등 다채로운 색깔을

라스코 벽화를 조사하는 고고학자들이 벽화의 웅장한 모습을 보고 감탄하고 있어요.

입혀 놓았답니다. 6미터에 가까울 정도로 엄청나게 큰 동물과 사냥꾼으로 보이는 사람의 모습도 있지요. 시신으로 여겨지는 사람의 그림도 있는데, 옆에 그려진 상처 입은 대형 동물을 사냥하다가 목숨을 잃은 모양이에요.

일부 고고학자들은 여성 화가들이 라스코 동굴 벽화를 그렸다고 추측했어요. 일단 임신한 동물을 묘사한 그림이 많았거든요. 또 다른 이유로는 동굴에서 발견된 손자국과 발자국이 여성의 것으로 보이기 때문이에요. 그리고 마지막으로, 동굴에 표현된 동물들은 공격적이고 폭력적이기보다는 차분하고도 숭배하는 자세를 취하고 있지요. 아마도 남자들이 사냥을 하러 나간 사이에 여성들은 채집 위주로 생활했을 거예요.

그림을 그리다

동굴 벽화를 그리려면 아주 꼼꼼하게 준비해야 해요. 화가들은 **물감**과 붓을 만들고, 높은 곳에 올라갈 수 있도록 발판도 마련해야 했지요.

> 물감은 광물을 갈아서 만들었어요.

예술가들은 혹독한 환경 속에서 작업했어요. 첫 번째로 사방이 어두웠지요. 조수가 그림을 그리고 있는 화가 옆에서 흐릿한 불을 들고 있었을 거예요. 그 당시에는 움푹 파인 돌에 동물성 지방을 채워 넣고 심지를 띄워서 불을 피웠지요. 게다가 동굴 깊숙이 들어갔으니 1년 중 대부분은 분명히 추웠을 거예요. 벽에 남은 손자국 중 일부는 손가락이 보이지 않아요. 사람들이 동상에 시달렸다는 것을 알 수 있어요. 그리고 세 번째는 좀 의아하긴 한데, 예술가들은 발판 위에 올라 4미터나 위에 있는 동굴 천장에 그림을 그려야 했어요.

사람들은 동물의 털과 채소 줄기, 깃털로 만든 붓으로 그림을 그렸을 거예요. 그리고 뼈로 만든 도구로 조각을 했겠지요. 어떤 과학자들은 색깔을 넓게 칠하기 위해 구석기 시대 예술가들이 갈대와 같이 속이 빈 도구로 물감을 불었을 거라 생각해요. 현대 에어브러싱 기법의 초창기 방법이라 할 수 있지요. 어떤 과학자들은 사람들이 동물의 털과 식물의 섬유를 뭉쳐서

동굴 원시인이라고요? 아니에요

동굴 원시인(영어로 케이브맨caveman)이라는 표현을 쓰게 된 이유를 알고 있나요? 흠, 사실 그런 표현은 나올 수가 없어요. 인류의 조상들은 동굴에 살았던 적이 없었던 걸로 보이거든요. 마들렌기 사람들은 유목민이었어요. 그래서 오두막이나 텐트를 지었을 가능성이 높아요. 아마 대부분 자신들이 사냥하는 동물들의 이동 경로를 따라 같은 장소로 돌아왔을 거예요.

스펀지처럼 만든 다음 넓은 면적을 칠했을 거라 추측해요.

현재로 돌아와서

안타깝게도, 한때는 완벽하게 보존되었던 그림들이 이제는 훼손되고 말았어요. 너무나 많은 사람들이 그림을 보겠다고 찾아왔기 때문이지요. 관람객들을 위해 입구를 넓혔더니 빛이 들어와서 동굴의 온도가 올라가 버렸어요.

수천 명이나 되는 관람객들이 이산화탄소를 내뿜었고 꽃가루를 몰고 들어왔어요. 이 때문에 동굴 벽에 이끼와 곰팡이가 눈에 띄게 피기 시작했어요. 동굴은 1960년대에 문을 닫았고, 그 대신 1983년 동굴의 일부를 복제하여 근처에 공개했어요. 해마다 소수의 과학자와 특별 관람객만 진짜 동굴 출입을 허가받고 있지요. 그런데도 많은 과학자들은 그림이 영원히 손상될지 모르는 심각한 위협에 처해 있다고 경고하고 있어요. 현대 과학자들이 우리의 과거를 보여 주는 이 장엄한 광경을 보존하는 방법을 찾을 수 있도록 함께 바라보아요.

지금은 라스코 동굴을 관광객에게 개방하지 않고 있어요. 하지만 동굴 옆에 실제와 똑같이 만들어 둔 공간에서 라스코 동굴을 체험할 수 있어요.

8장 구리 동전 사건

발견

때는 1944년이에요. 장소는 호주의 북쪽 아라푸라해에 있는 외딴 섬이지요. 모리 아이젠버그라는 군인이 바닷가에 서 있어요. 이곳은 지도에 표기되어 있지 않은 모래톱이 잔뜩 있고, 배에게 위험한 곳으로 악명 높지요. 수세기 동안 배가 자주 침몰했어요.

모리는 레이다 요원인데, 호주 웨셀 제도에서 가장 북쪽에 있는 마친바섬에 주둔하고 있어요. 호주는 제2차 세계대전에 참전 중이지요. 호주군은 영국과 프랑스, 미국, 러시아와 함께 연합군 편에서 싸우고 있어요. 모리는 적함이 나타나는지 감시를 하라는 명을 받았어요. 이 당시 호주의 적은 일본이에요. 아무도 살지 않는 외딴섬에 주둔해 있노라면 외롭지만, 오늘은 근무가 없는 날이라서 낚시를 가기로 마음먹습니다.

아래를 내려다보니 무언가 눈에 띄어요. 모래에 절반쯤 파묻힌 동전들이지요. 그는 동전을 한 움큼 집어 올리고 몇 개 더 집어요. 동전은 전부 아홉 개인데, 모두 구리로 만들어졌고 오래되어 보여요. 모리는 동전을 주둔지로 가져가고는 빈 담뱃갑에 넣고 까맣게 잊어버렸답니다.

무려 30년이 넘도록요.

1979년, 모리 아이젠버그는 마침내 오래전 호주 해안에서 발견한 동전을 다시 찾아내요. 그는 동전에 가치가 있는지 궁금해집니다. 그래서 전문가에게 동전을 보내요. 전문가는 동전을 세계적으로 유명한 동전 전문가에게 보내고요. 결과는 어떻게 나올까요? 네 개는 18세기 네덜란드 것이에요. 그리고 다른 다섯 개는? 훨씬 오래되었지요. 아마 14세기 정도일 거예요. 수수께끼를 더 깊이 파 보자면, 더 오래된 동전은 킬와라 불리는 곳에서 왔는데, 호주에서 지구 반대편으로 수천 킬로미터나 떨어진 곳으로, 동아프리카 해안에 있는 곳이에요. 어떻

정체를 알 수 없는 동전들

게 이 동전이 그 머나먼 호주에 온 걸까요? 그것도 호주가 외부인에게 '발견'되기 훨씬 전에 말이에요.

아이젠버그는 동전을 호주의 박물관에 기증했고, 곧장 사람들 사이에서 화제로 떠올랐어요. 동전의 등장으로 호주의 역사를 다시 써야 하니까요.

세상을 뒤흔들 만한 사건입니다.

들어온 순서

호주 원주민들은 4만 5천 년에서 6만 년 전 사이에 아시아에서 온 것으로 추정됩니다. 어쩌면 더 오래되었을 수도 있고요. 그 이후로 계속 그곳에 뿌리를 내리고 살았어요. 지구에서 가장 오래 살아남은 문화지요. 호주에는 다양한 토착 문화와 원주민이 있어요. 호주 북쪽 근처에 사는 원주민들은 웨셀 제도 근처에 '욜릉구'라 알려진 곳에 살아요.

유럽인들은 15세기 후반부터 세계를 항해하기 시작했어요. 이른바 '대항해 시대'의 시작이었지요. 유럽인들은 보통 새로운 곳의 해안에 당도하여 깃발을 꽂고는, 이미 그곳에 살고 있는 사람들에게 외국의 군주가 이제 그 땅의 주인이라고 선언했어요. 그리고 군주의 이름을 따서 땅 이름을 다시 짓는 일도 빈번했지요. 하지만 유럽인이 호주에 닿는 데에는 시간이 꽤 걸렸어요. 유럽에서 태평양 망망대해를 건너는 일은 크나큰 도전이었으니까요. 썩 내키지 않는 두 가지 방법 중에 하나를 선택할 수 있어요. 아프리카 남쪽 끝에서 계속 동쪽으로 항해하든지, 아니면 남아메리카 남쪽 끝에서 서쪽으로 계속 항해를 하는 것이죠. 초기에는 항해에 성공하는 유럽인들이 거의 없었어요. 그리고 성공했다 하더라도 살아서 돌아오는 유럽인은 더더욱 적었지요. 따라서 18세기 후반까지만 해도, 유럽인들은 호주에 대해 아무 것도 몰랐어요.

유럽인이 침략하다

16세기 유럽의 최우선 과제는 세계를 점령하는 것이었어요. 스페인과 포르투갈이 가장 먼저 앞장섰지요. 1494년 교황은 세계 지도에 정말로 선을 그었어요. 그는 스페인과 포르투갈에게 '탐험하지 않은' 땅을 절반씩 주었지요. 마치 어린 형제들이 방 하나를 나누어 쓰는 문제를 두고 부모와 옥신각신하는 것처럼요. 스페인과 포르투갈의 정복자들은 세계를 항해했어요. 정복자들의 목표는 원주민들을 그리스도교로 개종시키고 금을 찾는 것이었지요. 그 순서대로 꼭 할 필요는 없었어요. 정복자들은 도시를 망가뜨리고 물건을 닥치는 대로 훔쳤습니다. 수많은 원주민들을 노예로 만들고 죽이고 말았어요.

1528년 즈음 포르투갈 선박 몇 척이 호주 해안 근처로 다가와서는 호주와 비슷한 커다란 땅덩어리를 지도에 대강 그렸어요.

유럽 역사책에 따르면 그다음 호주를 찾은 유럽인은 네덜란드인이었어요. 외부인이 최초로 호주 땅을 밟았다고 기록된 해는 1606년 즈음이고요. 그 외부인은 빌럼 얀스존이라는 네덜란드 항해사였지요. 1600년대에 더 많은 네덜란드인이 속속 호주로 들어왔어요. 이들은 호주를 탐험하며 해안선을 꽤 많이 지도에 담아냈답니다. 이들은 이 거대한 대륙의 이름을 뉴홀란드라 지었고, 아라푸라해에 있는 열도를 '웨셀' 제도라 이름 붙였답니다.

시기를 보고 눈치 챘나요? '최초로' 호주에 사람이 들어선 시기는 바로 모리가 발견한 킬와 동전이 만들어지고 200년 후랍니다. 호주에 말이에요. 그럼 아프리카에서 온 탐험가들이 호주에 처음으로 닿은 것이 아닐까요?

뉴홀란드에는 금은커녕 "**백단향**, **육두구**, **정향** 등" 돈이 될 만한 천연자원은 아무것도 보이지 않았어요. 게다가 원주민 중 일부는 자신들의 모습이 드러나자 대놓고 불쾌해했어요. 한 네덜란드 탐험가는 그와 선원들이 해안에 접근하려는 순간, 원주민들

백단향
향수나 약품 등에 쓰이는 달콤한 향이 나는 나무예요.

이 "불같이 화를 내고 소리를 지르며 우리에게 화살을 날렸다"며 불평했지요. 그래서 17세기에 유럽인들은 호주를 탐험하는 일에 그다지 열성을 보이지 않았어요.

> **육두구**
> 향신료나 약품 등에 쓰이는 달고 쌉쌀한 맛이 나는 열매예요.
>
> **정향**
> 향신료로 쓰이는 매운 맛이 나는 열매예요.

1700년에 이르기까지 스페인과 포르투갈은 세계를 조금이라도 더 차지하려고 전력을 다해 싸웠어요. 영국과 네덜란드가 그 뒤를 바짝 뒤쫓았고요. 영국은 인간이 한번도 가 본 적이 없는 곳에 가겠다는 대담한 열망이 솟구쳤어요. 물론 실제로는 백인이 가 본 적 없었던 곳이지만요.

1768년 영국의 국왕 조지 3세는 제임스 쿡 선장이라는 탐험가를 영국 최초로 태평양 탐험에 보냈어요. 쿡의 배는 호주 남동부에 닿았고, 그곳에서 멀찍이 있던 원주민 몇 명을 보았지만 백인은 보이지 않았어요. 그러자 쿡은 이 땅이 아직 누구의 소유도 아니므로 이제부터 영국 영토라고 선언했답니다. 그리고 나서 대륙의 동부 해안 중 상당한 부분을 지도로 만들었어요.

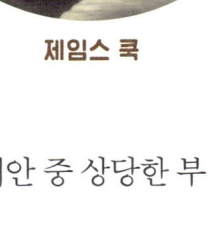

제임스 쿡

한편, 서쪽 북반구에서는

18세기 영국에는 죄수가 심각하게 넘쳐 났어요. 그래서 의회는 해결책을 떠올렸지요. 영국 정부는 죄수들을 배에 싣고 대서양을 건너 열세 개 아메리카 식민지에 보내 버렸어요. 이를 두고 '수송'이라 불렀는데, 아메리카 식민지인들은 이미 과도한 세금으로 몹시 화가 나 있던 상태였기 때문에, 영국이 죄수를 식민지인의 이웃으로 수송하는 행태는 식민지인들 사이에 팽배했던 저항 분위기를 가라앉게 하는 데 전혀 도움이 되지 않았어요. 1751년 벤저민 프랭클린은 "도둑과 악당이 우리들 사이에 들어오는 것"에 정면으로 맞서는 글을 쓰기도 했어요. 하지만 조지 3세는 왕이었지요. 아메리카 식민지인들은 그의 지배 아래 있었고, 왕은 자기 마음대로 할 수 있었어요. **잘못될 게 뭐가 있겠어요**, 그렇지 않나요?

> 잘못될 게 뭐가 있겠는지에 대해 더 알아보려면, 미국 독립 전쟁에 관한 책을 찾아 '원인' 부분을 읽어 보세요.

식민지 주민들이 들고일어났어요. 독립 전쟁이 일어난 거예요. 아메리카 식민지는 미국이라는 새로운 나라가 되었지요. 이렇게 되자 영국 의회는 여러 면에서 심기가 불편해졌어요. 그리고 그중에 하나로, 영국은 죄수들을 처리할 다른 곳이 필요해졌지요. 해결 방안은? 새롭게 '발견한' 호주! 잘못될 게 뭐가 있겠어요, 그렇지 않나요?

1787년 영국 정부는 죄수 736명을 호주로 수송했어요. 죄수는 후에 시드니가 되는 곳에 마지막으로 자리를 잡았지요. 죄수를 호주로 수송하는 일은 이제 일상적인 일이 되어 버렸어요. 원주민들에게 새롭게 들어온 이웃들을 보고 어떤 기분이 드는지는 아무도 묻지 않았답니다.

　영국인들은 호주에 정착하는 일에 재빨리 속도를 높였어요. 유럽인들은 질병도 함께 가져왔지요. 그리고 유럽과 아시아의 세균에 수천 년이 넘도록 접촉한 적이 없었던 원주민들은 이 치명적인 바이러스에 저항도 못한 채 그대로 목숨을 잃고 말았습니다. 천연두로 수많은 사람들이 죽었어요.

　호주 북쪽에서는 19세기 초에 이르기까지 수많은 욜릉구인들이 전염병에 초토화되었어요.

　쿡이 항해를 하고 32년 후, 영국인 항해사 매슈 플린더스는 대륙 전체를 항해하여 이 거대한 땅이 사실은 섬이라는 사실을 증명했어요. 1817년 뉴홀란드라는 이름은 오스트레일리아(호주)로 바뀌었지요. 또한 웨셀 제도의 이름은 그대로 유지하되, 철자만 'Wesel'에서 'Wessel'로 바꾸었어요. 아마도 이 철자가 영국이 쓰는 영어와 가까워서일 거예요.

아프리카와의 연결 고리

아프리카 대륙을 떠올려 보세요. 지도에서 찾아보면 더 좋아요. 아프리카 동쪽은 인도양을 사이에 두고 아시아로 바로 이어져요. 9세기부터 동아프리카에서 시작된 해양 무역은 14세기와 15세기에 전성기를 맞았답니다. 석조 모스크와 궁전이 세워졌어요. 항구는 사람들로 북적였지요. 가장 번성한 곳 중에 하나가 킬와 키시와니였는데, 항구가 있는 작은 열대 섬으로, 후에 탄자니아라고 불리는 나라의 해안에서 몇 킬로미터밖에 떨어지지 않은 곳에 있었어요. 킬와에서 온 배들은 그레이트 짐바브웨 광산에서 캔 금을 싣고 인도양을 지나 인도와 중국, 인도네시아로 갔어요. 어떤 이들은 노예와 상아, 목재, **용연향** 등을 인도의 목화와 중국의 도자기로 교환했어요. 15세기에는 중국이 갑자기 아프리카 기린을 달라는 요구를 해서 황궁에 보낸 적도 있었답니다.

> **용연향**
> 고래의 뱃속에서 나오는 끈적끈적한 물질로, 향수를 만드는 데 써요.

1505년, 포르투갈이 등장하자 모든 것이 바뀌었어요. 포르투갈의 배는 아프리카 가장 남쪽을 빙 돌아 동쪽으로 향했지요. 처음에는 북적이는 항구와 번화한 도시를 보고 깜짝 놀랐지만, 이내 가는 길마다 사람들을 죽이고, 위협하고, 모든 것을 불태우고 파괴해 버렸지요. 중국과 인도, **향료 제도**, 페르시아 등과 오랫동안 교역을 하던 아프리

16세기 킬와 키시와니

카의 해안 도시는 약탈당하고 불에 타 잿더미만 남았어요. 킬와까지도요.

모리 아이젠버그가 발견한 동전이 세상의 빛을 볼 무렵, 킬와에서 온 동전은 아프리카의 짐바브웨와 서아시아의 오만, 페르시아만을 제외하고 세상 그 어디에서도 발견된 적이 없었어요. 어떻게, 그리고 언제 호주 북부의 바닷가까지 가게 된

> **향료 제도**
> 인도네시아 동쪽 말루쿠 제도의 옛 이름이에요.

둥글둥글한 얼룩이

여기 별로 사랑스러워 보이지 않는 생물의 이름은 해삼이에요. 영어로 'sea cucumber(바다 오이)'라 부르는데, 채소도 아닌 것이 이렇게 불리니 헷갈릴 만도 하지요. 인도네시아인들은 '트레팡'이라 불러요. 해삼은 중국에서 좋아하는 식재료이며 약으로도 쓰여요. 과학자들은 1,200가지나 되는 해삼이 있다고 추측해요. 어쩌면 그보다 더 많을지도 모르고요.

별로 귀엽지 않고 껴안고 싶지도 않게 생겼지만, 해삼은 퍽 놀라운 생명체랍니다.

해삼은 바다 맨 밑바닥에서 퍽 단조롭게 살아요. 해양 찌꺼기를 후루룩 들이마시고는 다시 밖으로 배출하지요. 어떤 해삼은 거대한 지렁이와 닮았어요. 하지만 깜짝 놀랄 정도로 알록달록하고 희한한 모양을 한 해삼도 있답니다. 종도 다양하지만 위험에 닥치면 각자 다양한 방식으로 대응해요. 어떤 해삼은 끈적끈적한 실을 뱉어요. 어떤 녀석은 엉덩이에서 **내장을 뽑아내기**도 한답니다. 한때 해삼은 웨셀 제도 근처 아라푸라해에서 흔하게 볼 수 있었지만, 지금은 너무 많이 잡아서 멸종 위기에 처해 있어요. 일단 이 점을 염두에 두세요.

> 하지만 걱정할 거 없어요. 내장은 금세 다시 만들 수 있어요!

걸까요?

하지만 동전에 관한 이야기는 여기에서 마무리하고, 이제 내장을 엉덩이 밖으로 내뿜을 수 있는 커다랗고 말랑말랑한 바다 생물에 대해 이야기해 봅시다.

욜릉구인들이 알았던 것은

욜릉구인들 사이에서 전해져 내려오던 역사를 들어 보면, 호주를 처음으로 찾은 이들은 유럽인이 아니었어요. 욜릉구인의 조상들은 유럽 백인들이 오기 수백 년 전에 이미 인도네시아인들과 교역을 했지요. 특히 마카사르로 알려진 인도네시아 어떤 지방의 어부들과 물건을 맞바꾸었어요. 마카사르인들은 웨셀 제도 근처의 아라푸라해에 해삼이 많다는 사실을 알게 되었지요. 옆에 나온 대로, 중국에서는 해삼을 달라는 요구가 빗발쳤어요.

현재로 돌아와서

이 수수께끼를 각자 다른 면에서 보고 있으니 머리가 더 어지러워지지요?

여기에 나온 동전들이며 식민지, 죄수, 킬와, 해삼이 다 뭐냐고요? 과학에서는 이를 '절약의 원리'라 부릅니다. 여러분이 가지고 있는 증거에 맞는 과학적 설명 중에 가장 단순한 것을 고르는 원리를 말해요.

킬와와 네덜란드 동전이 어쩌다가 웨셀 제도까지 가게 되었는지 몇 가지 가설을 살펴보도록 합니다.

1. 욜릉구인들은 인도네시아에서 온 해삼 어부에게 동전을 받았어요. 그곳에서 낚시를 허가해 준 대가로 말이지요. 모리 아이젠버그가 웨셀 제도에서 발견한 동전 9개 중 4개가 1780년대에 제작되었다는 사실이 이 가설을 뒷받침해요. 많은 역사가들이 이 시기에 해삼 어부들이 이 지역에서 해삼 조업을 늘렸다고 믿기 때문이지요.

또는

2. 아마도 네덜란드 함선이 침몰되었을지도 몰라요. 동전이 파도에 떠밀려 와서 욜릉구인들이 발견한 것이지요.

또는

3. 아마도 욜릉구 모험가들이 마카사르 배에 올라타 싱가포르와 필리핀 등 다른 곳을 여행했을 수도 있어요. 동전을 가지고 고향에 돌아왔을지도 모르고요. 욜릉구인들과 마카사르인들 사이에 교역이 활발했을지도 몰라요. 이 가설을 뒷받침하는 사실로는 두 문화 사이에 비슷한 어휘가 수백 개나 된다는 거예요.

정말 수수께끼 맞네요. 동전이 세상 사람들 사이에 알려진 이후, 동전은 온갖 상상과 추측을 불러일으켰어요. 많은 이들이 더 많은 단서를 찾기 위해 웨셀 제도로 향했지요. 최근에는 호주의 원주민들이 외국 배를 그린 것으로 보이는 암각화가 발견되었어요. 쿡 선장이 도착하기 훨씬 전에 그린 것이었지요. 2018년 아마추어 고고학자는 같은 웨셀 제도의 다른 섬을 수색했어요. 그는 아주 오래된 동전을 또 하나 발견했는데, 킬와에서 온 것으로 추측한답니다.

사건이 더 복잡해지는군요.

9장 두루마리의 비밀

발견

1947년. 이스라엘에 있는 사해 근처 유대 사막. 외떨어진 곳 같지만, 예루살렘이나 베들레헴에서 당나귀를 타고 하루 만에 갈 수 있는 곳이에요. 예리코에서는 걸어서 두 시간이면 도착하지요. 무함마드라는 어린 염소지기가 바위투성이 절벽 근처에서 염소 한 마리를 잃어버리고 말았어요. 무함마드는 베두인이에요. 베두인은 사막을 떠돌며 사는 아랍인을 가리키는 말이에요. 쿰란이라는 고대 유적지에서 멀리 떨어지지 않은, 나무도 없고 풀 한 포기도 볼 수 없는 고원 위에서 무함마드는 동굴 입구를 슬며시 살펴보아요. 염소가 그곳에 있는 것일까요? 아이는 어두운 동굴 속으로 돌멩이 하나를 집어던집니다. 염소가 안에 있다면, 놀라서 다시 뛰어나올 테니까요. 하지만 염소 소리 대신 동굴 안에서 무언가 부서지는 소리가 들려요. 그 소리를 듣고 무함마드는 퍼뜩 걱정이 되어요. **예상치 못한 소리**니까요. 그래서 혼자서는 동굴을 탐색하지 말자고 마음먹지요.

> 여러분도 공감할 거예요. 야구공을 조금 잘못 던졌더니 이웃집 창문이 깨지는 소리가 났다고 생각해 보세요.

무함마드는 친척인 다른 소년에게 이야기를 전해요. 그리고 두 아이들은 다음날 동굴로 돌아옵니다. 염소는 보이지 않아요. 하지만 깨진 도자기 파편을 발견하지요. 여기에 퍽 온전한 모습으로 남아 있는 커다란 진흙 항아리도 있어요. 항아리 일곱 개 안에는 먼지투성이 리넨으로 감싼 두루마리가 있어요. 아이들은 두루마리를 모아서 임시 거주지로 돌아가 어른들에게 보여 주지요. 누군가 두루마리를 풀어요. 이상한 글씨가 가득하네요. 아이들은 두루마리를 다시 말아서 안장주머니에 넣어요. 다음 장이 서는 날에 베들레헴에 가져가서 팔 수 있는지 알아보기로 해요.

며칠 후 베들레헴에서, 아이들은 근처를 지나가던 칸도라는 상인에게 두루마리를 보여 주어요. 칸도는 베

동굴 속 정체를 알 수 없는 항아리

두인의 물건을 자주 구매했어요. 베두인이 만든 버터와 치즈를 사고, 베두인이 사막에서 발견한 흥미로운 골동품도 산 다음 외국 관광객들에게 팔고는 했지요. 그는 그 이상한 문서의 정체가 무엇인지 알 길이 없었지만, 외국인들이 관심을 보이리라 예상합니다. 그래서 두루마리를 자신이 아는 교수에게 가져가요. 교수는 다른 이들 몇 명에게 연락합니다. 마침내 칸도는 두루마리 네 필을 살 구매자를 겨우 만나요. 그

사해

히브리인들은 사해를 가리켜 '소금의 바다'라 불러요. 아랍인들은 '죽음의 바다'라 부르지요. 실제로는 호수예요. 그리고 이스라엘과 요르단, 팔레스타인 서안 지구까지 약 90킬로미터 가량 이어지지요. 소금의 농도가 너무나 높아서 일부 박테리아를 제외하고는 어떤 생물도 살 수 없어요. 요르단강이 사해로 흘러들어요. 시리아와 레바논, 이스라엘, 요르단이 요르단강의 흐름을 수십 년 동안 바꾸어 놓았기 때문에, 사해의 크기는 급격하게 줄어들고 있어요. 사해는 지구에서 고도가 가장 낮은 지역이기도 합니다.

사해는 소금의 농도가 매우 높기 때문에, 사람들이 물에 쉽게 뜰 수 있어요.

는 300달러(우리 돈으로 약 40만 원)을 받고 두루마리를 넘겨요.

신비로운 두루마리에 대한 소식이 퍼져 나가요. 첫 번째 두루마리가 몇몇 학자들 손에 들어갔는데, 학자들은 두루마리가 얼마나 중요한 문서인지 곧장 알아차립니다. 두루마리가 있던 곳에 더 있지 않을까? 베두인과 고고학자 들이 문서를 찾으러 나서요. 이들은 동굴을 더 찾았고, 고대 필사본 쪼가리와 두루마리가 수천 개 더 나오게 되어요.

문서는 곧 '사해 문서'로 세상에 알려집니다. 지금까지 발견된 고대 문서 중 가장 가치가 높답니다.

귀중한 문서

글씨는 동물의 가죽과 양피지, 파피루스에 쓰여 있었어요. 납작한 구리 위에 쓰인 것도 있었고요. 본문은 길이에 따라 다양했는데, 두루마리 하나의 길이는 약 8미터 정도 되었어요. 두루마리는 기원전 200년에서 기원후 70년 사이에 만들어졌어요. 히브리어로 쓰인 성서 중 〈에스더서〉를 제외한 전권이 있었는데, 그리스도교에서는 이를 '구약 성서'라 불러요. 여기에 찬송가와 기도문, 그리고 가장 초창기에 쓰인 십계명도 있었어요. 다른 두루마리에는 그 당시 유대인이 어떻게 살았는지 알 수 있는 정보도 상세

귀중한 양피지 조각

히 기록되어 있지요. 고대 히브리어와 아람어, 그리스어로 쓰인 두루마리는 초기 유대교와 그리스도교 역사를 새로운 관점에서 보는 계기를 마련해 주었어요.

이렇게 저렴할 수가!

두루마리가 발견되었던 당시, 현지에서는 엄청난 혼란이 일어났어요. 혼란은 지금도 계속되고 있고요. 제2차 세계대전이 이제 막 끝났고, 새롭게 출범한 국제 연합(UN)은 유대인들에게 새로운 나라를 만들어 주었지요. 그게 바로 이스라엘이에요. 원래부터 그 지역에 살고 있던 팔레스타인인들은 그곳이 자신들의 땅이라고 주장할 권리가 있다고 생각했지요. 1948년 전쟁이 일어났어요. 1950년대까지 두루마리가 발견된 동굴이 있는 지역은 요르단강의 '서안 지구'로 알려졌어요.

예루살렘이 전쟁으로 혼란스러운 가운데, 한 수집가가 칸도에게서 두루마리 네 필을 샀어요. 그러고는 미국으로 건너가서 두루마리를 살 대학이 있는지 알아보았지요. 하지만 관심을 모으는 데는 실패했어요. 1954년 그는 《월스트리트저널》 신문의 광고란에 "잡동사니 팝니다"라는 광고를 실었어요.

최소 기원전 200년에 쓰인 성서 팝니다. 개인이든 단체든, 교육이나 종교 기관에 아주 이상적인 선물이 될 것입니다.

종교학자가 이런 식으로 실린 광고를 우연히 보게 된다면 아마 중고차를 찾는 사람이 배트맨이 타는 배트모빌을 거의 공짜로 파는 광고를 보는 것이나 마찬가지일 거예요.

결국 일곱 개 두루마리 원본은 새로 세워진 이스라엘에 팔렸답니다.

1948년 아랍과 이스라엘 사이에 일어난 전쟁이 계속되던 탓에, 학자들은 쿰란 유적지 근처에 무함마드가 발견한 동굴을 조사할 수 없었어요. 하지만 1951년 잠깐 불안한 평화가 찾아오자, 고고학자들은 정보를 더 얻으러 현장으로 향했어요. 질문은 여기에서부터 시작할 수밖에 없었지요. 누가 이 두루마리를 만들었을까? 왜 동굴에 숨겨 두었을까? 왜 원래 주인은 두루마리를 찾으러 돌아오지 않았을까?

누가 두루마리를 만들었을까?

'사해 문서' 원본은 오늘날까지도 학자들 사이에서 뜨거운 논쟁 거리였어요. 어떤 학자들은 문서가 쿰란에서 멀리 떨어진 곳에서 만들어졌다고 생

두루마리가 발견된 지역의 동굴

각해요. 그리고 다양한 유대인 집단이 썼다고 추정하지요. 다른 가설로는 두루마리를 흔히 에세네파라고 알려진 유대교 종파가 만들었다고 해요. 에세네파는 요세푸스라는 고대 로마 시대의 유대인 역사가가 쓴 글 덕분에 알려졌어요. 이들은 1세기 즈음에 쿰란에 살았을지 모르는, 남성으로만 구성된 유대교 수도승들이었는데, 종교 문서를 필사하고 보전하는 일에 평생을 바쳤지요. 에세네파는 다른 유대인들이 자기들 생각만큼 독실

하지 않다고 믿었기 때문에 기존 유대인 사회에서 떨어져 나왔어요. 이들은 엄격한 절차에 따라 기도하고, 단식했으며, 안식일을 지켰지요. 안식일에는 똥을 싸면 안 된다는 규칙까지 있었어요. 그 규칙을 어떻게 지켰는지 알 수는 없지만요.

하지만 요세푸스가 이 모든 걸 지어냈다고 믿는 학자들도 있어요. 누가 쿰란에 살았는지 아무도 확신할 수 없지요. 유대인들이 스스로를 보호하고자 만든 요새였을 수도 있어요. 도자기 공장이나 무두질 공장일 수도 있고요.

누가 동굴 안에 두루마리를 넣었을까?

로마인들은 기원전 63년에 이 지역을 정복했어요. 대략 130년 후, 예루살렘에 있던 유대인들이 로마에 맞서 일어났지요. 유대인들은 로마로부터 정치적, 종교적 독립을 쟁취하려 온 힘을 다했지만, 실패로 끝나고 말았어요. 기원후 68년 예루살렘을 함락한 로마군은 도시를 휩쓸어 버리며 유대교 회당과 도시 대부분을 파괴해 버렸지요. 수많은 거주민들을 학살하고 살아남은 사람들은 노예로 만들었어요.

그다음에 일어난 일도 학자들 사이에서 뜨거운 논쟁 주제예요. 에세네파

가설을 받아들이지 않는 학자들은 예루살렘에 살던 유대인들이 자신들의 신성한 문서가 위험에 처했다는 사실을 미리 알아차리고, 도서관 등에 보관되어 있던 것들을 몽땅 가져와 모아 둔 것이라고 생각하지요. 유대인들은 아마 하수구를 통해 탈출하는 식으로 도시를 빠져나와, 진군하는 로마군을 피해 쿰란 동굴에 두루마리를 서둘러 쑤셔 넣었을 거예요. 왜 그들이 동굴로 돌아오지 않았는지는 여전히 수수께끼랍니다.

현재로 돌아와서

2017년 새로운 동굴이 발견되었어요. 그곳에는 한때 '사해 문서'를 담아 놓았던 단지가 깨진 채로 있었지요. 이 사건은 학자들 사이에서 큰 화제를 불러일으켰어요. 많은 학자들이 이제는 그 지역에 있는 수백 개 동굴에 두루마리가 더 있을 것으로 믿고 있지요.

그러니 발굴하고 세상에 나와야 할 동굴이 아직도 많이 남아 있어요. 이게 모두 그 말썽꾸러기 염소 덕분이랍니다.

10장

수렁에 빠지다

발견

1950년, 덴마크 중심부에 있는 유틀란트반도에서 열한 살 난 욘 카우슬란트가 어머니와 의붓아버지, 의붓 삼촌과 함께 석탄이 섞인 검은 흙인 토탄을 파고 있어요. 욘의 가족은 토탄 늪에서 몇 킬로미터 떨어진 톨룬트 마을에 살고 있지요.

갑자기 욘의 어머니 그레테 호이고르가 파던 손길을 멈춥니다. 어머니는 토탄을 뚫어져라 바라보더니 큰소리로 말해요.

"여기에 뭔가 이상한 게 있어요."

그다음에는 아무 말이 없어요.

사람들이 그레테가 보고 있는 것 주위로 몰려들어요.

축축한 늪에 절반쯤 드러난 몸통이 보여요. 남자의 시신이에요. 하지만 이것은 켈트인의 전설도 아니고, 공포 영화도 아니에요. 죽은 자

마법 같은 늪의 수수께끼

덴마크의 평평하고 습기가 많은 지역에서는 늪을 흔히 볼 수 있어요. 늪은 물기가 많은 저지대에 썩은 식물이 켜켜이 쌓여 생긴답니다. 수백 년이 넘도록 죽은 식물성 물질이 층을 이루어 늪에 수북이 쌓여요. 그중에 특정 식물성 물질을 가리켜 물이끼라고 합니다. 이 유기 물질은 서서히 '토탄'이라 불리는 갈색의 끈적끈적한 물질로 바뀌어요. 오랜 세월 동안 사람들은 토탄을 자르고 말려서 집을 따뜻하게 해 주는 난방 연료로 썼답니다.

늪은 다른 세계로 들어가는 신비의 문일까요?

늪은 토탄의 공급지면서 현지인들 사이에서 마법의 신비로 둘러싸인 곳으로 통했어요. 켈트인들의 전설에서 늪은 산 자와 죽은 자를 잇는 관문으로 그려졌지요. 사람들이 터무니없다고 비난할 수는 없어요. 어둑어둑한 늪에서 으스스한 초록빛이 비칠 때도 있거든요. 밤에는 둥그런 파란빛이 둥둥 떠다니며 어두컴컴한 물 위에서 반짝일 때도 있어요. 맞아요, 늪에서 스스로 빛을 내는 생물이 내뿜는 가스예요! 아스포델이라는 밝은색 꽃은 늪에서 별처럼 반짝이고요. 아니면 요정의 왕관일지도 모르지요. 늪이 있는 북유럽 국가 대부분에서는 이곳에 얽힌 신화와 전설이 있답니다.

할리우드에서는 늪에서 오싹한 생명체가 나오는 공포 영화를 많이 제작했어요.

가 일어나서 걸쭉한 시금치 같은 눈알을 굴리며 농지 밖으로 성큼성큼 걷는 일은 하지 않아요.

아니, 그레테가 발굴한 남자는 딱 우리처럼 생겼어요. 남자의 얼굴은 마치 잠을 자는 듯 너무나도 평온하고 생생한 모습이었답니다. 하지만 당연히 잠을 자는 것은 아니었어요. 죽어 있었지요. 더욱 놀라운 일은 밧줄이 그의 목을 감고 있는 모습을 분명히 볼 수 있다는 거예요. 그는 폭력적인 방식으로 목숨을 잃었어요.

남자의 시신은 며칠 전에 늪에 버려진 것 같았어요. 부패한 흔적이 하나도 보이지 않았기 때문이죠. 욘의 가족은 경찰에 누가 살해당했다고 신고해요. 하지만 경찰은 시신이 늪에서 발견되었다는 사실을 알게 되자, 고고학자에게 연락해요.

이제 2년이 훌쩍 흘러요. 일꾼들이 톨룬트에서 멀리 떨어지지 않은 곳에서 토탄을 파고 있어요. 이번에는 그라우발레라는 마을 근처지요. 타게 부스크 쇠렌센이라는 남자가 삽으로 토탄을 열심히 파고 있는데, 별안간 무언가가 눈에 들어와요. 토탄하고 상관이 없는 물체지요. 또 다른 시신이에요. 타게는 얼른 상관을 불러요.

일꾼들은 톨룬트 늪에서 시신을 발견한 적이 있다는 소식을 이미 들었던 터라, 경찰에 알리지 않아요. 고고학자에게 연락하지요.

이틀이 지나고, 나중에 그라우발레맨이라 불리게 되는 미라는 자신을 둘러싸고 있던 토탄층과 함께 커다란 상자에 실려 현지 선사 시대 박물관으로 옮겨져요.

미라는 박물관 1층에 전시되어요. 박물관은 연구실로 옮겨지기 전에 미라를 보려는 사람들로 장사진을 이루지요. 미라를 발굴하고 20일 후, 박물관 고고학자들은 시신을 좀 더 자세히 검사할 수 있어요. 한쪽 귀에서 다른 쪽 귀까지 목에 길게 베인 상처가 있다는 것을 알게 되지요.

알고 보니 이 지역 근처 늪에서는 오랜 기간 동안 미라를 건져 올린 적이 많아요. 모두가 톨룬트맨이나 그라우발레맨처럼 보존 상태가 좋은 건 아니지만요. 참고로 미라 대부분은 발견된 지역 근처의 마을 이름을 따서 지어

목에 걸린 밧줄만 뺀다면… 마치 잠을 자고 있는 것 같은 모습이에요.

요. 미라 대다수에서 폭력적인 방식으로 죽음을 맞았다는 징후가 보여요. 목이 졸려서 살해당했는가 하면, 찔려서 죽은 경우도 있었고, 어떤 시신은 물에 빠져 익사했어요. 더욱 수수께끼인 점은 그렇게 무자비하고 잔인하게 살해당했는데도 어떤 미라의 표정은 마치 늪에 살포시 놓인 듯 평온했다는 것이에요. 죽은 이를 마구 때렸든, 찔렀든, 목을 조였든, 그들에게 몹시 화가 나서 그런 짓을 저지른 것 같지는 않아 보여요.

그러면 누가 그들을 죽였을까요? 어쩌다가 늪에서 일생을 마치게 되었을까요?

늪

오늘날 이렇게 발견된 미라를 가리켜 '늪 미라'라 불러요. 지난 200년 동안 북서유럽의 토탄 늪에서 발견된 늪 미라는 천여 구 가까이 된답니다. 그중에 절반 이상이 덴마크에서 발견되었어요.

늪에서 발굴된 미라 대부분은 대략 2천 년 전에 죽은 사람들의 유해예요. 오래된 것치고는 상태가 퍽 좋아 보이지요. 2천 년 전에 죽은 사람의 얼굴을 보고 있노라면 기분이 조금 묘해져요. 반짝이는 땋은 머리에 볼에 나 있는 까칠한 수염, 코의 땀구멍까지 보일 정도니까요. 대략 기원전 375년에 죽은 톨룬트맨은 가죽 여덟 조각을 꿰맨 고깔모자를 쓰고 턱 아래에 끈을 묶었어요.

　죽은 자는 젊은 사람과 나이 든 사람, 남성과 여성, 왕과 평민까지 다양했어요. 지금까지 피부와 살이 고스란히 남아 있는 늪 미라 중 가장 오래된 것은 2011년 아일랜드의 토탄 광부가 발견한 것이었어요. 캐셀맨이라 불리는 미라는 4천 년 전 청동기 시대에 사망했어요. 캐셀맨이 사망한 청동기 시대가 얼마나 오래된 것인지 조금만 더 설명해 주자면, 600년이 지나서야 이집트의 파라오 투탕카멘이 등장했답니다.

　어떤 늪 미라는 지금도 몸속에 위장과 같은 장기가 그대로 있어요. 과학자들은 미라가 죽기 전 마지막으로 무엇을 먹었는지 분석할 수 있었답니다. 톨룬트맨과 그라우발레맨 둘 다 보리와 아마로 만든 질척한 귀리죽을 먹었고 다른 잡초도 잔뜩 먹었어요. 그들의 장기에 봄이나 여름에 나는 채소가 없는 것으로 보아, 둘 다 겨울이나 초봄에 죽었을 가능성이 높아요. 귀리죽은 끔찍하게 맛이 없었을 테지만, 영양만큼은 풍부했겠지요. 그라우발레맨은 류머티스 관절염과 치주염(잇몸이 붓는 병)을 앓고 있었어요. 아마도 극심한 통증에 시달렸을 거예요.

> ### 늪 과학
>
> 늪 밑바닥은 차갑고, 산성을 띠고 있으며 공기가 통하지 않아요. 유기 물질은 엄청나게 천천히 분해되지요. 늪의 물에는 시신을 보존할 수 있는 화학 물질이 들어 있어요. 늪에 빠진 시신은 낡은 야구 글러브처럼 가죽 같고 어두운 갈색인 경우가 많아요. 머리카락은 붉은색 혹은 밝은 붉은색도 많은데, 그 이유는 이끼 안에 있는 화학 물질이 죽은 자의 머리카락을 붉은색으로 물들였기 때문이랍니다. 물이끼는 뼈를 분해해요. 그래서 늪 시신에는 대체로 골격이 없어요. 그 결과 늘어진 가죽 가방 같은 피부와 물에 푹 절은 장기만 남지요.

거친 전사들

늪에 빠진 미라는 대부분 기원전 500년부터 시작된 철기 시대 사람들이었어요. 유틀란트반도에 살던 사람들은 킴브리족이라 불리는 게르만족의 한 계통이었답니다.

고대의 작가들은 킴브리족을 키가 크고 금발에 눈이 파랗다고 묘사했어요. 그리고 지금까지 발견된 늪 미라를 보면 그러한 설명을 뒷받침해 줍니다. 올드크로건맨이라 불리는 미라는 2미터에 가까웠던 것으로 보이거든요.

고대 그리스·로마 시대의 작가들은 맹렬한 전사로 알려진 킴브리족을 마지못해 인정했어요. 때로 킴브리족은 짧은 가죽 망토를 어깨에 브로치로 꼽은 것만 빼고는 벌거벗은 상태로 전투에 나갔어요. 로마 시대의 역사가였던 타키투스는 게르만 전사들이 "머리카락을 꼬아서 매듭을 지어 위로 올렸다"고 말했어요. 타키투스는 이렇게 머리를 부풀리면 더 무서워 보이는 효과가 있다고 생각했지요. "이렇게 정성 들여 몸을 꾸미면 전투에서 만날 적을 깜짝 놀라게 할 수 있다." 효과적이면서도 충분히 경각심을 줄 수 있는 복장이었던 것이죠.

로마인들과 북부 지방 부족 사이의 가장 큰 전투 중 하나는 기원전 125년에 일어났어요. 톨룬트맨이 죽은 지 약 1세기 후였지요. 그리스의 역사가 플루타르코스는 킴브리족이 알프스산맥을 넘어 로마로 진격했다고 썼어요.

"그들은 옷도 입지 않은 채 눈 폭풍을 견뎌 내며 깊은 눈과 얼음투성이 산 정상을 헤쳐 나갔다."

그러고 나서 킴브리족은 방패를 썰매 삼아 귀가 찢어지도록 큰소리로 고함을 치며 벌거벗은 채 산비탈을 신나게 내려갔어요.

신께 바치다

북부 지역 부족들은 늪에 물건을 참 많이도 던졌어요. 신발과 무기, 도축한 동물, 그리고 500년 동안 인간도요. 고고학자들은 버터가 담긴 커다란 용기도 찾아냈답니다. 유틀란트반도 북쪽 지역에 있는 늪에서는 은으로 만든 커다란 가마솥도 나왔어요. 기원전 200년에 만들어졌는데, 인간을 희생하는 장면을 그림으로 그려 놓았어요. 이를테면 통 속에서 익사하는 사람이나 목을 자르고 피를 모으는 장면이 그려져 있답니다. 어떤 역사가들은 이러한 제물을 신께 바치기 위해 늪에 놓은 것으로 보고 있어요.

그렇다면 누구를 희생양으로 삼을지 어떻게 결정했을까요? 늪 미라가 우리에게 말해 주는 것은 무엇일까요?

늪에서 나온 사람 중 일부는 농부로 드러났어요. 위 속에 들어 있던 내용물을 보면 식물과 곡물은 많았지만 육류는 많지 않았지요. 고고학자들은 사람들의 치아에 솟아 나온 부분을 통해 그 시대에 먹을거리가 많지 않았다는 사실을 알 수 있다고 해요.

좀 더 신분이 높은 사람들로 보이는 경우도 있었어요. 그 사람들은 육류를 많이 먹었지요. 고기는 부자들이나 먹을 수 있는 음식이었어요. 여성 늪 미라 두 구는 덴마크 바깥에서 만든 고급 의상을 입고 있었어요. 부유한 외국인이었다는 뜻일까요? 아니면 외국에서 만든 옷을 입을 정도로 돈이

거꾸로 매달린 남자(왼쪽에서 두 번째)에게 무슨 일이 일어났는지 확실히 알 수는 없지만, 좋지 않은 상황이에요.

많았다는 뜻일까요?

클로니캐번맨은 바깥에서 들여온 고급 헤어 젤을 바른 흔적이 있어요. 송진에 식물성 기름을 섞어서 만들었지요. 킴브리족 남자가 하던 식으로 머리카락을 둥글게 묶어 올렸어요. 키가 고작 160센티미터였기 때문에, 조금이라도 크게 보이려고 머리를 그렇게 틀어 올렸을지도 몰라요. 또한 손톱도 깔끔하게 손질되어 있고 손에 굳은살도 없었기 때문에, 단순 노동을 한 것으로 보이지는 않아요. 즉, 수입 헤어 젤과 단백질 함량이 높은 음식으로 보아 사회적으로 높은 지위에 있었다는 것을 알 수 있지요.

어떤 역사가들은 위의 두 여성 미라처럼 다른 부족에서 온 높은 신분의

군데스트루프카렛 가마솥. 빠르게 다섯 번 말해 보세요!

포로들이 희생양으로 선택받았으리라 추측하기도 해요. 외부인이라는 이유 때문에요. 다른 역사가들은 흉작이 계속되어 부족장을 죽였을지도 모른다고 생각하지요. 신께 풍작을 가져다 달라고 빌겠다며 마을 사람들에게 약속했지만 실패했을지 몰라요. 또 다른 재미있는 가설로는 미라 중에 뽑기에서 떨어진 성직자가 있다는 거예요. 희생된 사람은 아마 암울한 철기 시대에 룰렛을 돌리다 재수 없게 걸려서 죽음에 이르렀을 거예요. 부족이 모시는 신을 달래기 위해 기꺼이 제물로 희생된 셈이죠.

현재로 돌아와서

늪에서 발견된 미라들은 많은 의문을 낳았어요. 그들은 누구일까? 왜 희생된 것일까? 그들은 자신의 운명을 주저 없이 받아들였을까? 미라들은 이상한 기분이 들 정도로 모습이 생생하기 때문에 마치 얼굴을 맞대고 과거와 마주하는 것처럼 보여요. 미라를 보고 있으면 궁금증이 생기지 않을 수 없어요. 그들 모습이 조금 무섭지만 말이에요. 늪 미라들은 지금까지도 고고학자와 역사가, 시인 들을 매료하고 있어요. 언젠가는 늪 미라들이 어둡고 축축한 무덤으로 가져간 비밀을 더 많이 알게 될 거예요.

11장

운 좋게 부서지다

발견

1955년 타이(우리나라에선 흔히 '태국'이라고도 부르죠) 방콕. 승려와 일꾼 한 무리가 거대한 석고 불상을 힘들게 옮기고 있어요. 불상은 3미터나 되는 데다 어마어마하게 무거워요. 불상을 옮기는 데 하루 종일 걸렸어요.

   석고 불상은 20년 동안 **왓** 뜨라이밋이라는 사원의 양철 지붕 밑 임시 보관소에 오도카니 앉아 있어요. 마침내 새로 수리한 사원 안으로 자리를 옮길 때가 되었지요. 남자들은 보호소에서 사원 앞 잔디밭까지 둥근 통나무를 조금씩 굴려요. 밧줄에 도르래, 갈고리까지 동원하여 석상을 단상 위에 올리려 안간힘을 쓰지만 땅에서 겨우 몇 센티미터 정도 띄울 뿐이에요.

> **왓**
> '왓'은 타이어로 불교 사원이라는 뜻이에요

석고와 옻칠을 벗겨낸 뒤 지금 보이는 것처럼 반짝이는 부처의 모습을 되찾았어요.

별안간 밧줄 하나가 끊어집니다. 불상은 땅에 우지끈 소리를 내며 떨어지고, 석고 일부에 금이 갔어요. 그러자 석고 아래에 페인트칠을 한 듯 밝고 매끈하게 바른 검은 옻칠층이 나타나요.

구름이 몰려오더니 천둥과 번개가 치면서 그날 일은 중단하게 됩니다.

다음날 아침 승려들과 일꾼들은 다시 시도하기로 해요. 누군가가 깨진 검은 옻칠을 부지런히 지웁니다.

그러자 모두들 믿을 수 없다는 듯 빤히 쳐다보아요. 검은 옻칠 아래로 무언가 반짝이는 금빛이 보이거든요.

석고와 옻칠 범벅이었던 불상은 사실 순금이었습니다.

부처는 누구일까

고타마 싯다르타는 철학자이자 종교적 스승이며, 불교를 창시한 분이에요. 그는 기원전 6세기에서 기원전 4세기 사이에 인도 북부 지방(지금의 네팔 남부)의 왕족으로 태어났지요. 싯다르타는 화려한 궁전 안에서 바깥 세계와 단절된 채 풍족한 어린 시절을 보냈어요. 하지만 스물아홉 살이 되던 해, 궁을 떠났지요. 세상 밖에서 싯다르타는 노인들과 아픈 사람들, 죽은 자들을 만났어요. 그는 삶과 고통의 의미를 찾기 위해 나섰어요. 그 의미를 찾으려면 자기 부정이라는 형태로 매우 엄격한 수련을 해야 했어요. 하지만 6년 후 싯다르타는 한쪽으로 치우치지 않은 균형 잡힌 입장을 택했답니다. 그는 이를 가리켜 '중도'라 불렀어요. 서른다섯 살에는 나무 아래에서 명상을 하다가 큰 깨달음을 얻었지요. 그때부터 그는 부처 혹은 붓다라 불리게 되었으며, 남은 인생을 자신의 가르침을 전파하는 데 보냈답니다.

오늘날 붓다의 일생과 가르침은 불교의 기초가 되었어요. 고대 **산스크리트어**로 붓다는 '깨달은 자' 또는 '깨어나다'라는 뜻이랍니다. 부처는 붓다를 한자로 읽은 것이에요.

> **산스크리트어**
> 고대 인도에서 쓰였던 말로, 고대 인도의 문학 작품이나 불경이 이 언어로 기록되었어요.

지금 불교 승려들은 부처의 가르침에 따라 살겠다고 맹세합니다. 살생과 도둑질, 거짓말, 애정 행위를 하지 않아요. 전 세계 불교 신자는 약 4억 명가량 됩니다. 타이에서는 인구의 90퍼센트 이상이 불교를 믿어요.

불교 승려들은 생계를 위한 일을 하지 않습니다. 일반적으로 정오 이후, 또는 해가 떨어지고 나면 음식을 먹지 않아요. 승려들은 일반 신도들이나 정부의 지원을 받지요. 타이에는 절이 3만 개가 넘어요. 사람들은 이곳저곳을 돌아다니는 승려에게 음식과 옷, 약, 쉴 곳 등을 제공합니다. 이렇게 승려들에게 '시주'를 하면 다음 생에 다시 태어날 때 좀 더 나은 삶을 살게

> ### 모든 것을 여는 열쇠
>
> 복원 전문가들이 황금 불상을 뒤덮었던 석고를 조심스럽게 벗겨냈어요. 그러자 불상 바닥에 박혀 있던 열쇠가 눈에 들어왔어요. 불상을 이루는 아홉 개 각기 다른 부분을 여는 데 쓰는 열쇠였어요. 열쇠가 있으면 조각상을 훨씬 더 쉽게 분리하고 청소하며, 다른 곳으로 옮길 수 있었지요. 불상의 무게가 5.5톤으로 다 큰 코끼리와 맞먹을 정도라는 사실을 생각해 보면 이러한 기능이 퍽 유용하다고 볼 수 있지요.

된다고 하네요. 이에 대한 보답으로 승려는 신도가 깨달음을 얻도록 돕는 데 평생을 바칩니다.

여기에 부처의 길이

자, 그럼 수세기 동안 전쟁을 겪고 자리를 여기저기로 옮겨야 했던 불상의 여행길을 따라가 봅시다.

그전에 타이의 역사를 알면 도움이 된답니다. 현재 타이에 사는 사람들 대부분은 타이어를 쓰는 사람들의 후손이에요. 이들은 약 1천 년 전에 타

현대 국경선이 그려진 타이

이에 정착했지요. 위에 있는 지도를 보면, 현대의 타이는 반도 한가운데에 있고 그 주변을 다른 나라들이 둘러싸고 있다는 것을 알 수 있을 거예요. 북쪽과 동쪽에는 라오스가 있군요. 서쪽에는 미얀마(버마라고도 불린답니다)가 있고요. 캄보디아는 동남쪽에 있고, 라오스 저 너머에는 중국이 있어요. 수백 년 동안 여러 왕국이 이 지역에서 흥망성쇠를 거듭했고 다른 나라 군대에게 정복당하기도 했답니다.

여러 가지 타이

타이는 문화적 정체성이면서 동시에 언어를 의미해요. 역사적으로 타이인들은 동남아시아 본토에서 온 다양한 문화 집단으로 구성되었어요. 따라서 타이인은 타이어(시암어), 라오어, 산어 등 다양한 언어를 쓰는 이들을 포함하지요. 오늘날 타이의 문화유산을 물려받은 후손은 수천만 명에 이르러요. 대부분 타이와 라오스, 미얀마, 중국, 베트남에 살고 있답니다.

수코타이 조각상

황금 불상이 언제 만들어졌는지는 정확하게 알 수 없어요. 하지만 13세기 즈음에 만들어졌다고 짐작할 수 있는 증거는 있어요.

1238년 두 명의 타이 왕자가 수코타이라는 곳에서 크메르(지금의 캄보디아)의 군대를 격파했어요. 수코타이는 새로운 타이 왕국의 수도이자 나라 이름이 되었지요.

1279년에서 1298년까지, 람캄행 대왕이 수코타이 왕국을 다스렸어요. 그는 타이에서 가장 위대한 왕 중 하나로 평가받으며, 타이 문자를 창제한 공로를 인정받고 있답니다. 또한 왕국 전역에 불교를 뿌리내렸어요. 그리고 여기에 대왕의 업적을 알 수 있는 결정적인 단서가 있어요. 1292년 람

THE KING OF SIAM IN STATE COSTUME.

람캄행 대왕

캄행 대왕이 재위하는 동안에 만들어진 비석에는 불상을 만들었다고 알리는 글귀가 새겨져 있어요. "위대한"과 "아름다운"이라고 묘사되어 있고, 어떤 글귀에는 "높이 18큐빗"이라고 쓰여 있어요. 지금 단위로 치면 8미터 정도 되는 거예요. '우리의' 부처님을 과장해서 묘사했던 걸까요?

재위하는 동안 람캄행 대왕은 중국을 지배하던 몽골 제국 쿠빌라이 칸의 궁중을 방문했어요. 당시 몽골 제국은 세계에서 가장 강력한 제국이었

람캄행 대왕이 1292년에 만든 비석이에요. 타이 문자로 적힌 이 비석은 타이의 중요한 역사 자료랍니다.

지요(뒤의 18장을 참고하세요). 쿠빌라이 칸을 방문하는 동안 람캄행 대왕은 몽골 제국에 조공을 바치겠다고 약속했어요. 타이로서는 현명한 선택이었지요. 그 덕분에 몽골이 수코타이를 침략하지 않도록 할 수 있었고 타이 왕국의 독립을 지킬 수 있었으니까요. 그는 또한 중국 예술가 몇몇을 수코

타이로 데리고 돌아왔어요. 중국에서 온 전문가들 덕분에 수코타이 왕국은 봉건제에서 탈피하여 아름다운 예술과 도자기를 만드는 시대로 돌입했답니다. 이때를 타이 예술의 황금기로 보고 있어요. 이 시기에 만들어진 조각상은 부처를 가장 아름답게 표현한 것으로 평가받는답니다.

황금 불상의 다양한 모습

수많은 불상 가운데 가장 많이 보이는 모습은 다음과 같은 네 가지 중에 하나예요. 앉아 있거나, 서 있거나, 걷고 있거나, 아니면 **비스듬하게 기대어** 있거나 하죠. 자세며 손 모양 모두 저마다 무언가를 상징해요. 황금 불상은 고전적인 '수코타이 양식', 즉 가부좌를 틀고 왼손은 무릎 위에, 오른손은 땅을 짚는 자세로 앉아 있어요. '세상을 어루만지는 자세'로 알려져 있지요. 머리 위에 피어나는 불꽃은 부처의 정신을 상징해요. 얼굴은 타원형이고 초승달 모양 눈썹에, 입술에는 희미한 미소를 담고 있어요. 머리는 짧은 곱슬머리를

> 배가 나오고 행복한 얼굴로 웃고 있는 대머리 남자 조각상을 흔하게 본 적이 있을 거예요. 그는 부처가 아니라 6세기부터 등장했던 중국의 떠돌이 승려예요. 승려의 배를 문지르면 행운이 찾아온다는 속설이 있어요.

하고 있는데, 이는 부처의 본래 모습을 상징해요. 특권을 누렸던 과거를 던져 버린다는 의미로 왕자를 상징하는 상투를 잘라 버렸던 것이지요.

불상을 아유타야로 옮기다

수코타이 왕국은 약 200년 동안 독립 국가의 지위를 누렸어요. 하지만 1350년 새로운 수도가 아유타야에 세워졌지요. 그 후 이 왕국은 400년 동안 현재 타이 중심부에서 가장 큰 지배력을 행사하게 돼요. 대부분의 유럽인들과 이웃 나라에서는 이 나라를 시암이라 불렀기 때문에 아유타야의 타이인들도 시암인으로 알려졌지요.

1438년이 되자 한때 막강한 힘을 자랑했던 수코타이는 아유타야 왕국의 지방 중 하나로 전락했어요. 역사가들은 15세기 언젠가 황금 불상이 수코타이에서 아유타야의 새로운 왕국으로 옮겨졌다고 생각해요.

이 시기에 가장 강력한 왕이 차례로 아유타야를 지배했어요. 최대 10만 명이 넘는 사람들이 아유타야에 살았는데, 같은 시기에 런던이나 파리의 인구와 비교해서 더 많았답니다. 평민들은 왕을 직접 보는 것이 허락되지 않았어요. 그리고 왕을 직접 알현하고자 하는 이들은 스스로를 "전하의 발아래에 있는 먼지"라 칭해야 했답니다. 궁중의 규칙을 어긴 자는 가차 없이 혹독한 벌을 받았어요. 예를 들어 왕궁의 문을 걷어찼다면 발을 잘렸지요. 왕의 코끼리를 때렸다면 손이 잘렸어요. 왕 앞에서 수군대거나 "왕궁에서 사랑 시를 읊는 경우"에는 사형에 처해졌고요. 만약 유죄 판결을 받은 사람이 귀족이라면 손발이 묶인 채 비단 자루에 넣어져 백단유 나무로 만든 몽둥이로 **두들겨 맞았어요**.

> 왜냐하면 귀족의 피를 땅에 흘리게 해서는 안 되니까요.

은폐하다

그 후 250년 동안 아유타야의 지배권을 놓고 시암과 버마 사이에 끊임없이 전투가 벌어졌어요. 이렇게 분쟁이 그칠 줄 모르니 아마 이 시기에 승려로 추측되는 누군가가 황금 불상을 숨기려 했을 거예요. 우선 불상에 검은색 옻칠을 하고, 그다음에는 두께 2센티미터 정도로 석고를 발랐지요. 이렇게 하자 버마에서 온 침략자들은 불상을 보고도 진정한 가치를 알아볼 수 없었어요. 위장이 확실히 성공한 것이죠.

1765년에서 1767년 사이에도 시암과 버마 사이에 또 다른 전투가 일어났어요. 거대한 규모의 버마군은 수많은 코끼리 부대를 이끌고 아유타야로 쳐들어왔어요. 도시는 약탈당하고 완전히 불타 버렸습니다. 버마군은 도시에 있는 예술품을 모조리 망가뜨렸고 금으로 만든 것은 무엇이든 녹여서 가져가 버렸답니다.

버마가 도시를 약탈하는 동안에도 불상이 온전히 남아 있던 것은 기적이나 마찬가지였어요. 다른 불상들은 넘어지고, 깨지고, 머리가 아작 나 버렸으니까요. 포로 수십만 명이 버마로 끌려갔어요. 사원이며 문학 작품, 불교에 관한 것은 모두 파괴되고 말았어요. 세계에서 가장 아름다운 도시 중 하나였던 시암은 한 줌의 재로 변해 버렸습니다.

시암의 수도가 약탈당하고 얼마 지나지 않아, 버마군은 폐허가 된 도시를 뒤로 하고 물러났습니다. 다른 국경을 침입해 온 중국을 막기 위해 서둘러 고국으로 돌아가야 했어요. 1767년 버마가 시암에서 물러난 후, 타이에서는 탁신이라는 군사 지도자가 권력을 잡았어요. 10년도 채 되지 않아 그는 시암 왕국을 다시 통일하고 영토를 넓혔답니다. 탁신은 수도를 현재 방콕 근처로 옮겼어요. 하지만 그는 훌륭한 군인이었는지는 몰라도 훌륭한 지도자가 되지는 못했어요. 몇 년 후 그는 심각한 정신적 문제를 일으켰습니다. 이에 걱정이 커진 궁전의 신하들은 1782년 그를 왕좌에서 끌어냈어요. 유력한 정보에 따르면 탁신은 꽁꽁 묶인 채 비단 자루 속에서 백단유 나무로 얻어맞아 처형을 당했다고 해요. 그래도 탁신은 현대의 타이인들에게 타이를 구한 구세주이며 버마에 맞선 저항의 상징으로 기억되고 있답니다.

시암의 새로운 국왕이 된 라마 1세는 1782년 방콕을 수도로 삼았어요. 방콕은 성장을 거듭한 끝에 **19세기 중반**에는 인구가 40만 명에 이르렀답니다.

> 역사적으로 타이는 다른 나라에 맞서 성공적으로 저항하였고 식민 지배를 당한 적이 없어요. 외적이 타이를 탐내지 않아서가 아니라요.

불상이 방콕으로 옮겨지다

여전히 석고에 싸여 있던 황금 불상은 아마도 라마 3세(재위 1824년~1851년)가 재위했을 때 옮겨졌을 거예요. 라마 3세는 아유타야에 남은 유적 중 아직 구해 낼 수 있는 것은 무엇이든 방콕으로 옮기라는 명을 내렸지요. 그리고 불상도 그때 옮겨졌을 가능성이 높아요. '석고'로 만든 불상이 왜 그리 무거운지 궁금해하던 이가 아무도 없었을까요? 아마도 물건을 옮기는 일을 맡은 일꾼들은 감히 불평할 생각을 하지 못했겠지요.

여전히 석고 속에 들어 있었던 황금 불상은 19세기에 다른 두 사원에 그대로 남겨진 채 방치되었습니다.

현재로 돌아와서

1935년경 불상은 마지막으로 왓 뜨라이밋 사원으로 옮겨졌어요. 20년 동안 사원의 소유였던 양철 지붕 밑 가건물에 하염없이 앉아 있었지요. 마침내 관료들은 사원을 보수할 계획을 세웠어요. 그리고 1954년 불상을 놓을 새로운 공간을 건설하는 데 착수했지요.

1955년 사원 보수 공사가 끝났어요. 이때 황금 불상의 비밀이 세상에 드러났지요.

오늘날 왓 뜨라이밋 사원은 주요 관광지가 되었답니다.

12장

영원히 당신의 것

발견

1974년, 중국의 북서쪽 시안이라 불리는 한 지방에서 일어난 일이에요. 시안은 오랫동안 가뭄에 시달리고 있는 중이에요. 양씨 집안의 여섯 형제와, 감과 석류 과수원을 하던 이웃 농부들이 모두 모여 우물을 파기로 결정합니다. 양씨 형제의 이름은, 양쯔파, 양원하이, 양옌신, 양취안이, 양페이옌, 양신만이고, 이웃의 이름은 왕푸즈예요. 양씨 집안의 과수원은 리산 끝자락에서부터 쭉 뻗어 있답니다.

 다음날 아침 사람들은 땅을 파기 시작해요. 이틀이 지나자 벽돌과 도자기 파편이 조금씩 드러나요. 아주 오래된 가마라도 있는 걸까요?

 그다음으로는 구운 점토로 만든 사람 크기의 몸체가 나와요. 그리고 구운 점토로 만든 머리도 나오고요.

 약 4미터 정도 더 파내려 가자, 청동 화살촉과 석궁이 나와요. 이제

전사들이 길게 대열을 이루어 선 채 사후 세계에서 황제를 지킬 준비를 하고 있어요.

상황이 점점 더 이상해집니다.
 이 지역에 사는 주민들이 이러한 물건을 찾아낸 것은 처음이 아니지만, 정부 당국의 귀에 들어가는 일은 드물어요. 지역 주민들에게는 땅에 묻힌 물건을 함부로 꺼내면 안 된다는 미신이 있거든요. 땅속에 묻힌 물건들은 죽은 자의 땅에 속한 것이에요. 그래서 이런 물건들을 찾아내면 재수가 없다고 생각하지요. 그래도 양씨 형제들은 우물을 끝까지 파기로 마음먹어요. 그렇지만 무시하기에는 점점 더 어려울 정도로 유물이 속속 나옵니다.

우물을 파기 시작한 지 몇 주가 지나고, 형제들은 결국 근처 소규모 박물관을 운영하고 있던 자오칸민에게 연락을 합니다. 자오는 자전거를 타고 양씨 일가의 밭으로 가요. 그는 벽돌을 보자마자 진나라 물건이라는 것을 알아차리지요. 다시 말해 기원전 221년부터 기원전 206년까지 중국을 다스렸던 진나라 시대 유물이라는 뜻이에요. 이들이 전설로만 전해져 내려오던 그 현장을 찾아낸 것일까요? 바로 중국 최초의 황제였던 진시황제의 무덤 말이에요.

자오는 양씨 형제들에게 우물 파는 일을 중단해 달라고 설득합니다. 그리고 상관에게 이 일을 보고하고, 뒤이어 베이징에 있던 정부 당국까지 이 소식을 듣게 되지요. 고고학자들은 재빨리 현장으로 향해요.

농부들이 고고학 역사상 가장 엄청난 발견 중 하나의 주인공이 된 순간이에요.

최초의 황제가 등장하다

2천 년 전으로 돌아가 봅시다. 기원전 3세기 훨씬 이전으로 말이에요. 그때 중국은 아직 통일 제국이 아니었어요. 수많은 나라들이 서로 끊임없이 전쟁을 벌였던 춘추 전국 시대였지요.

마침내 진나라가 가장 강한 나라가 되어 다른 나라들을 제압했어요. 그리고 기원전 250년에 자초 왕자가 왕위에 올라 장양왕이 되었습니다. 그때 그의 아들이었던 정은 아홉 살이었는데, 나중에 중국 최초의 황제가 되었답니다.

장양왕은 진나라를 4년밖에 다스리지 못하고 정이 겨우 열세 살이었을 때 세상을 떠났어요. 정은 왕위를 물려받았지만, 나이가 너무 어렸기 때문에 그가 적당한 나이가 될 때까지 중신들이 **섭정**을 했지요. 기원전 239년, 정이 스무 살이 되자 반란을 진압하고 섭정을 하던 중신들을 몰아냈어요. 그리고 유일한 지배자로 우뚝 섰지요. 그러고 나서 불과 9년 만에(기원전 230년~기원전 221년) 기세등등한 적국을 모조리 정복했어요. 기원전 221년 그는 스스로 황제의 자리에 올라 시황제(첫 번째 황제라는 뜻)가 되었답니다.

> **섭정**
> 왕이 직접 통치할 수 없을 때 그를 대신해 나라를 다스리는 것을 뜻해요.

짧은 치세 동안 그는 중국 통일이라는 공을 세웠어요. 전국을 중앙 정부

> 바퀴의 폭을 통일해야 말이 수레를 좀 더 쉽게 끌 수 있기 때문이에요.

가 다스렸고요. 법과 화폐, 무게와 치수, 서체, **바퀴의 폭** 등을 통일했어요. 그리고 도로도 아주 많이 건설했어요. 장벽도요. 기원전 215년, 시황제는 몽염 장군에게 만리장성을 쌓으라는 명을 내렸어요. 당시에 소규모 장벽들이 많기는 했지만 몽염 장군은 벽을 수리하여 기다란 하나의 벽으로 연결했지요. 이렇게 해서 전쟁 중이던 다른 민족의 침입을 막고 백성들을 보호했어요.

하지만 이렇게 통일하는 과정에서 지나치게 엄한 정치를 했다는 단점도 있었어요. 시황제는 법가 사상을 열성적으로 받아들였어요. 법가는 지배자가 엄격한 법을 이용하고 혹독하게 벌을 내려 백성을 다스려야 한다는 사상이었어요. 결국 그는 자신의 권력에 위협이 되는 이들을 모조리 처형하고 농부들에게도 과도한 세금과 노동으로 무자비하게 착취했지요. 열다섯 살에서 예순 살 사이의 남자들은 공사 현장으로 불려 나갔고, 비참한 작업 환경 속에서 일해야 했어요. 수확 시기를 놓친 작물은 시들어 버렸고 굶주림이 찾아왔지요. 만리장성을 짓는 7년 사이에 백성들 수백만 명이 목숨을 잃은 것으로 알려졌어요.

시황제는 제후의 가족들을 자기 근처로 이사하게 하여 직접 감시했어요. 그는 권력에 집착하게 되었고 날이 갈수록 정신이 이상해졌지요. 아주 사소한 명령이라도 복종하지 않는 자가 있으면 허리가 두 동강이 나고 말

최초의 황제였던 진시황제

> 그는 중국의 역사가 자기 때부터 시작되기를 바랐어요. 그래서 중국 역사에 관한 책을 모두 없애 버리려고 했지요.

았어요. 진나라에 아첨하지 않는 책은 모조리 **불태워 버렸고요**. 460여 명이나 되는 학자들을 불러 모아 산 채로 매장해 버렸어요. 이에 큰아들이자 황태자 부소가 시황제에 반기를 들자, 시황제는 그를 북쪽 변방으로 내쫓아 버렸어요. 황태자에게 달가운 곳은 아니었지요.

죽음에 도전하다

통치 초기부터 황제는 죽은 후를 대비했어요. 그 어떤 것보다도 가장 야심만만한 기념물을 만들기 시작했지요. 바로 그의 무덤이었어요. 무덤을 만드는 데에만 적어도 30년 이상이 걸렸어요. 사후 세계에서도 지금과 똑같이 영원히 살겠다는 생각이었지요.

황제는 죽은 뒤에도 군대가 필요하므로, 시황제는 자신을 섬길 수천 명의 병사를 흙으로 빚어서 만들라고 주문했어요. 사람과 똑같은 크기로요! 여기에 흙으로 빚은 말과 마차, 곡예사, 음악가뿐만 아니라 그의 수중 정원에서 기를 새까지 만들라고 명했지요. 병사 모형은 모두 지위에 따라 옷도 다르게 입었어요. 흙으로 만든 갑옷에 원래 가죽 질감을 살려 색을 입혔답니다. 장군과 관료, 보병, 기병, 궁병, 전차병도 있었어요. 표정이 똑같은 모형은 단 한 개도 없었어요. 구레나룻이며 턱수염, 모자뿐만 아니라 머리 모양도 저마다 독특했고 어떤 모형은 머리를 정성스레 만들어 올렸어요. 진흙으로 빚은 모형은 옻칠을 한 뒤 광물로 만든 밝은색 물감으로 칠하고는 가마에 구웠어요. 병사들은 석궁이며 창, 활 등 진짜 무기도 지니고 있었지요.

수많은 일꾼과 건축가, 공예가, 대장장이와 기술자 들이 이 상상도 못 할 정도로 거대한 무덤을 만드는 데 투입되었어요. 놀라운 속도로 구덩이를 파고, 나무를 잘라 대들보를 만들고, 서 있는 병사 모형을 만들었지요.

상투를 멋지게 틀어서 올린 구운 점토로 만든 전사. 각기 다른 머리 모양으로 군인의 지위를 알 수 있어요.

모형은 기본 모형으로 틀을 만든 다음, 얼굴과 모자, 신발, 머리 모양, 수염 등을 각자 개성대로 만들었어요. 이렇게 만들어진 영원한 군사는 황제가 살아서 재위하고 있는 동안에는 창고에 보관되었지요.

암살 시도

이렇게 사후 세계를 대비해 정성 들여 준비하고 있던 황제가 한편으로는 영원히 사는 방법에 집착했다는 사실이 참 의아하기도 해요. 황제를 암살하려는 시도는 세 번 있었는데, 이 때문에 황제가 영원한 삶에 집착했을지도 몰라요. 첫 번째는 그가 왕위에 오른 지 얼마 되지 않았을 때, 암살자가 독이 묻은 단검으로 황제를 찔러 죽이려 했어요. 하지만 실패했죠. 두 번째는 눈이 먼 **축** 연주자가 납이 잔뜩 들어 있는 축으로 황제의 머리를 치려 했지만 빗나가 버렸어요. 세 번째는 암살자가 마차를 착각하여 기습 공격했어요. 황제는 바로 이럴 때를 대비하여 똑같이 생긴 가짜 마차를 만들어 여행을 다니고는 했어요. 황제는 생명을 연장해 준다고 믿는 묘약을 매일 먹었답니다.

축
고대 현악기의 한 종류예요.

황제의 피해망상증

황제는 270개에 달하는 왕궁을 전부 벽과 지붕으로 연결하라고 명령했어요. 그래야 그가 어디에 있는지 아무도 모르는 상태에서 오갈 수 있으니까요.

어느 날 운석이 지구로 떨어졌어요. 누군가가 여기에 발칙한 글귀를 새겼지요.

"시황제는 목숨을 잃고 나라는 분열할 것이다."

황제는 불같이 화를 내며 누구의 소행인지 찾아내라 명했어요. 글귀를 새겼다고 자백하는 이가 나오지 않자, 그는 운석이 떨어진 지역에 사는 사람들을 모조리 처형하고 운석도 없애 버렸어요. 하지만 예언은 맞아떨어졌지요. 정말로 황제는 그해에 세상을 떠났어요.

운석 사건이 일어나고 얼마 지나지 않아, 황제의 보좌관은 황제에게 영토를 한 바퀴 돌아보기를 제안했어요. 황제는 측근과 시종으로만 구성된 수행단을 이끌고 여행을 떠났지요. 그리고 그의 열여덟 번째 아들인 호해도 함께 데리고 갔어요.

황제가 수도에서 멀리 떨어져 있는 사이에, 갑자기 병이 들었어요. 그리고 무슨 병인지는 아무도 몰랐지요. 황제는 그대로 세상을 떠나고 말았답니다. 영원히 사는 묘약의 효능은 여기까지였어요. 반란이 일어날까 두려운 마음이 들었던 시황제의 간신들은 권력을 장악할 계획을 세우고 황제의 죽음을 비밀에 부쳤어요. 황제의 수행단은 황제의 시신을 담은 관을 마차 안에 밀폐하고는 수도로 돌아갔어요. 하지만 궁에 돌아가기까지 수십일이 걸린 데다, 더운 여름이었기 때문에 마차에서는 곧 냄새가 나기 시작했어요. 간신들은 악취를 숨기려 냄새 나는 절인 생선 상

황제의 행렬에서 수상한 비린내가 났어요.

자를 행렬에 합류시키라고 명령하고는 수도로 돌아갔지요.

50일 후 마침내 궁에 도착하자, 간신들은 황제의 죽음을 공표했어요. 그리고 시황제의 열여덟 번째 아들이자 다루기 쉬운 어린 호해 왕자를 두 번째 황제, 즉 이세 황제로 추대했어요.

이제 모두들 앞다투어 무덤을 준비하기 시작했어요. 8천 기 이상의 전사와 전차, 청동 물새, 그리고 여러 가지 모형들이 창고에서 나와 거대한 구덩이에 일렬로 섰어요. 그리고 동쪽을 향해 시황제의 예전 적들과 맞설 자세를 취했지요.

시황제는 흙으로 단단히 다진 산속 자신의 무덤에 따로 묻혔어요. 100년 후 한 역사학자의 말에 따르면, 개인적으로 확인할 수는 없지만, 자동 석궁을 설치하여 도굴꾼이 무덤에 들어오려 할 때 저절로 발사하도록 했고, 액체 수은이 무덤 주위에 순환하여 흘러가도록 만들었다고 해요. 수은은 금속 원소로서 상온에서는 액체 상태인데, 독성이 꽤 강하답니다.

그의 죽음 이후

시황제가 세상을 떠나고 4년 동안 혼돈과 반란이 이어졌어요. 언젠가는 주변을 돌아다니던 군인 무리가 진시황릉 중 한곳에 침입하여 수많은 무기를 훔치고 불을 질렀어요. 유약하기 짝이 없던 이세 황제는 결국 왕위를 빼앗기고 말았고, 진나라는 짧은 역사를 뒤로 하고 멸망하고 말았어요. 그 뒤를 이어서 일어난 한나라는 오랫동안 중국을 다스렸고(기원전 206년~기원후 220년), 시황제의 무덤 위에는 풀과 나무가 무성히 자라 2천 년이 넘도록 사람들의 기억에서 잊혔답니다.

현재로 돌아와서

오늘날 시황제의 무덤은 여전히 발굴되지 않고 있어요. 그래서 안에 무엇이 들어 있는지 알지 못하지요. 사실, 진흙으로 만들어진 병사 모형 역시 아주 일부만 발굴되었어요. 모형이 세상 밖으로 노출되는 순간 진흙에서 곰팡이가 생겼기 때문이에요. 특히 날이 습하면 모형은 빠르게 부패할 수밖에 없어요.

최근 과학자들은 부패를 방지하는 방법을 알아냈어요. 병사 모형을 온도와 습도가 조절되는 곳으로 재빨리 옮긴 뒤에 옻칠 위에 접착제의 일종을 발라서 물감이 벗겨지는 것을 방지하는 것이죠. 하지만 발굴은 지금도 천천히 조심스럽게 이루어지고 있어요.

황제가 묻혀 있는 진짜 무덤에 대해서 말인데, 침입자를 쏠 준비가 되어 있는 자동 석궁이 정말로 있을지 누가 알겠어요? 더 걱정되는 점은 액체 수은이 실제로 무덤 주위에 흐를 가능성이 있다는 것이에요. 만약 그렇다면 고고학자들이 입구로 들어갈 때 매우 위험할 수 있거든요.

  양씨 형제의 발견 이후, 35제곱킬로미터 근방에서 600개가 넘는 구덩이가 확인되었어요. 어떤 구덩이는 여전히 묻혀 있는 상태이고, 어떤 구덩이는 발굴이 되었을지도 몰라요. 진시황릉의 유물을 찾아내고, 분류하고, 무엇이 아직도 묻혀 있는지 분석을 하려면 시간이 훨씬 더 많이 걸릴 거예요.

13장

어둠의 사원

발견

1978년, 멕시코시티의 북적거리는 중심가에 위치한 길모퉁이에서 일어난 일이에요. 설비 공사를 하던 일꾼들이 전선을 놓고 있어요. 한 남자가 땅 아래 깊숙이 파내려 가는데 삽에 무언가 딱딱한 것이 닿아요. 하지만 여느 돌과는 사뭇 달라요. 커다랗고 둥근 모양이었는데 맨 윗부분은 평평해요.

설비 공사를 하던 사람들은 하던 일을 멈추어요. 이곳은 멕시코시티. 많은 역사가 깃든 곳이라는 사실을 누구나 알고 있지요. 수세기 전 이곳이 멕시코시티가 되기 이전에, 여기는 테노츠티틀란이라 불렸어요. 그리고 현재 많은 사람들이 아스테카라고 부르는 문명의 중심지이지요. 이곳 사람들은 자신을 멕시카 또는 테노차라 불러요.

설비 회사는 멕시코 인류학 및 역사 연구소에 알려요. 이틀 후 고고

공사장 일꾼이 발견한 조각상

학자들이 현장에 도착하여 돌을 발굴하기 시작해요.

돌의 크기는 어마어마해요. 너비만 해도 3미터가 넘지요. 역사가들은 돌에 보이는 무늬가 아스테카 달의 여신 코욜사우키라고 확인해요.

점점 기대가 커져 가는 가운데, 고고학자들은 돌이 아스테카 사원의 유적 바닥에 놓여 있었다는 사실을 알아내요. 그리고 이곳은 그냥 사원이 아니에요. 모든 아스테카 사원 중 가장 규모도 크고 신성시되던 사원이지요. 오늘날 이곳을 템플로 마요르라 불러요.

아스테카인들은 누구일까?

약 1000년 즈음, 아스테카의 초기 조상들이 북쪽에서 내려왔어요. 이곳은 현재 미국의 남서쪽이라 추측하고 있어요. 그리고 멕시코 계곡에 자리 잡았지요. 1325년경에는 적에게 공격을 받아 테스코코 호수까지 쫓겨났어요. 이들은 호수 한가운데에 있는 섬에 테노츠티틀란이라는 도시를 세웠지요.

아스테카인들이 해야 할 첫 번째 과제는 최고신에게 바치는 사원을 짓는 일이었어요. 신의 이름은 우이칠로포치틀리. 그는 태양의 신이며 전쟁의 신이었지요. 도시가 성장하며 템플로 마요르도 최소 일곱 번 이상 확장되고 재건축되었어요. 1400년대에 이르자 템플로 마요르는 30층 건물에 맞먹을 정도로 거대한 석조 피라미드가 되었답니다.

아스테카인들은 수많은 신을 섬겼어요. 거의 모든 직업이 하나 이상의

**아스테카 제국의 중심에 있던
템플로 마요르(중앙의 가장 큰 건물)와 테노츠티틀란 도시를 재현한 모형이에요.**

신에게 기도를 올렸지요. 소금을 만드는 여신도 있었고, 깔개와 바구니를 짜는 신도 있었어요. 꽃집 주인에게는 여신이 있었지요. 전사들의 투구와 방패에 깃털 장식을 달아 주는 사람들도 나름의 신이 있었어요. 옥수수 신은 적어도 넷 이상 있었답니다.

　주요 아스테카 신 중 일부는 성미가 몹시 사나웠어요. 그중에 으뜸은 우이칠로포치틀리였고요. 아스테카인들은 신이 화가 나면 인간의 피를 끊임없이 영양분으로 삼기를 바란다고 믿었어요. 그래서 신이 인간의 피를 받지 않으면 아침에 태양이 떠오르지 않고 가뭄이 찾아와서 작물이 자라지 않을 거라 생각했지요. 간단히 말해서 세상이 망할 것이라 믿었어요. 신에게 만족을 드리기 위해 아스테카인들은 인간을 제물로 바쳤어요. 그래서 신의 이름으로, 대개는 매우 끔찍한 방식으로, 사람을 죽이고 말았답니다(188~190쪽을 보세요). 인간을 죽이는 일은 대부분 템플로 마요르 꼭대기에서 이루어졌어요.

일상생활

황제 밑으로는 전사와 성직자 들이 있었어요. 귀족 가문에서 태어나 정예 전사가 되고 싶었던 남자 아이들은 열 살 무렵부터 훈련을 받았지요. 다른 귀족 가문의 소년과 일부 소녀 들은 '눈물의 집'이라는 뜻의 칼메이칵 학교에서 성직자가 되는 훈련을 요란하게 받았어요.

전투가 벌어지면 언제든지 나갈 준비를 하고 있었지만, 아스테카인 대부분은 농부나 어부, 방직공, 건축가 등으로 일상생활을 이어 나갔어요. 농부들은 카누를 저으며 도시를 가로지르는 운하를 건너 호수 너머에 있는 옥수수밭을 일구었지요. 농부들은 진흙과 갈대로 이루어진 수상 농장에서 채소를 길렀어요. 도시에서 열린 큰 장터에서 사람들은 음식과 직물을 교환하고 옥과 표범 가죽, 특이한 새의 깃털 등 사치품도 주고받았답니다.

아스테카 귀족 중 일부는 화려한 패션을 뽐내고 했어요.

> ### 공놀이 시작!
>
> 아스테카인들이 가장 즐겨 했던 놀이는 엄청난 기술과 체력이 필요했어요. 목표는 고무공을 돌로 만든 고리 속 작은 구멍에 넣는 것이었는데, 고리는 무려 6미터 위에 놓여 있었답니다. 공은 엉덩이와 팔꿈치, 무릎으로만 만질 수 있어요. 경기에서 진 팀은 제물로 바쳐지기도 했습니다.

남성들은 대개 샅바와 알록달록한 망토를 입고 샌들을 신었어요. 여성들은 발목까지 내려오는 치마와 면으로 만든 블라우스를 입었지요. 이따금 패션에 관심이 많은 여성들은 치아를 검은색이나 진홍색으로 물들이기도 했어요.

제국을 확장하다

아스테카 왕국과 특히 테노츠티틀란은 목테수마 1세가 재위했을 때(1440년~1469년) 빠르게 성장했어요. 마침내 아스테카는 수백만 명을 지배하는 제국이 되었지요. 전성기 테노츠티틀란에는 최대 20만 명이 살았어요. 같은 시대에 콘스탄티노폴리스를 빼고 유럽의 그 어느 도시보다도 규모가 컸답니다.

　테노츠티틀란이 그만큼 막강해진 비결이 있었어요. 아스테카 황제는 이웃 도시와 부족에 사신을 보내 테노츠티틀란에 '조공'을 바치라고 요구했지요. 금과 은, 천 등 도시에서 생산한 물건은 무엇이든지요. 만약 이웃 도시가 조공을 거부하면, 테노츠치틀란은 전쟁을 선포하고 수천 명이나 되는 군대가 행군하여 마구 약탈했어요.

　아스테카 전사들은 무자비한 싸움꾼들이었어요. 칼과 화살, 도끼 등으로 싸웠는데 모두 동물의 뼈와 돌을 날카롭게 갈아서 만든 무기였지요. 투석기와 2미터에 달하는 창은 섬뜩할 정도로 효과가 좋았어요. 자신의 말을 듣지 않는 이웃 국가에게 제대로 본때를 보여 주기 위해, 황제의 군사들은 적군을 그냥 죽이지 않았어요. 그들은 적군을 포로로 잡아 도시로 끌고 갔어요. 그곳에서 포로들은 템플로 마요르 꼭대기로 돌아오지 못할 길을 올라야 했지요.

　템플로 마요르는 커다란 광장 안, 도시 한가운데에 있었어요. 여기에 두 개의 계단식 피라미드가 나란히 서 있었지요. 꼭대기에도 신전이 양옆으로 있었는데, 한쪽에는 비의 신을, 다른 쪽에는 우이칠로포치틀리를 모셨어요. 우이칠로포치틀리의 신전 앞에는 제물을 바치는 돌이 있었는데, 이곳에서 사제가 돌칼로 희생자를 처형했어요. 시신은 114개 계단 아래 신전 밑바닥으로 내던져졌습니다.

목테수마 1세는 1469년 세상을 떠났어요. 그 뒤를 이어 황제 두 명이 연이어 짧게 다스렸고, 1486년에 아우이소틀이 황제 자리에 올랐지요. 아우이소틀 황제는 템플로 마요르에서 행하는 의식에 엄청나게 헌신적이어서, 나흘에 걸쳐 희생된 사람의 수만 무려 2만 명에 이르렀다고 해요.

1502년 아우이소틀 황제는 돌 위에서 미끄러져서 머리를 부딪치는 바람에 세상을 떠나고 말았습니다. 서른네 살이었던 목테수마 2세(목테수마 1세의 종손)가 아홉 번째이자 아스테카의 마지막 황제로 올라섰어요.

목테수마 2세

목테수마는 어렸을 때 사제로 살았다가 나중에는 용맹한 전사가 되었어요. 하지만 훌륭한 황제는 아니었지요. 미신에 빠진 데다 현실 세계와는 동떨어져 살았던 그는 성격도 우유부단하고 불안정했어요. 그가 황제가 되자, 오랫동안 전임 황제를 모시던 시종들과 보좌관들을 모두 처형해 버리고, 새로 생긴 자리에는 친족들을 앉혔어요. 이 '산뜻한' 근무 환경에 입성한 새 보좌관들은 황제에게 감히 충언을 하거나 나쁜 소식을 전할 수가 없었어요. 그랬다가는 사형 명령이 떨어져 버렸기 때문이지요.

그 누구도 황제의 눈을 똑바로 쳐다보거나 황제가 먹는 모습을 바라볼 수 없었어요. 이를 어겼을 경우 사형에 처해졌지요. 그가 걸어가는 곳마다 아랫사람들은 그의 앞에 먼지 한 톨 없도록 깨끗이 비질을 해야 했어요.

설상가상으로, 불길한 일이 연속으로 일어나자 목테수마 2세는 세상의 종말이 다가왔다는 두려움이 점점 더 커졌어요. 우선 아스테카 달력에서는 그해에 대기의 신이 돌아와 자신의 왕국을 되찾아 갈 거라고 예언했어요. 그러고 나서 신전이 번개에 맞는다고

목테수마 2세

했어요. 그다음에는 일식이 찾아오고, 마지막에는 밤하늘에 혜성이 나타난다고 예언했어요. 황제는 점성술사와 현자 들이 이렇게 불길한 일을 미리 예측하지 못했다는 데에 몹시 화가 나 몽땅 죽여 버렸어요.

목테수마 2세의 걱정거리는 여기서 그치지 않은 듯 했어요. 1519년 창백한 얼굴을 하고 희한한 옷을 입은 사람들이 바다 건너편에서 모습을 나타냈기 때문이에요.

스페인 사람들이 찾아오다

에르난 코르테스는 스페인의 하급 귀족이었는데, 1504년 명성과 돈을 찾아 배를 타고 '신세계'로 찾아왔어요. 특히 돈벌이에 혈안이 되어 있었지요. 그는 멕시코 반도를 점령하기로 마음을 정했어요.

코르테스는 군사 508명과 선원 100명, 쿠바 원주민 수백 명과 아프리카 노예들을 이끌고 멕시코 본토에 들어왔어요. 여기에 말 열여섯 필과 사나운 투견 여러 마리, 그리고 대포와 화승총도 가지고 왔어요.

이렇게 위험한 여정에 나서는 동안 군사들이 겁을 먹고 도망가지 않도록, 코르테스는 육지에 닿자마자 배를 거의 다 불태워 버렸어요. 이제 돌아갈 길은 사라지고 말았지요.

코르테스의 군사들은 멕시코 내부를 향해 발걸음을 옮겼어요. 코르테스는 원주민과 마주칠 때마다 으레 '요구 사항'을 큰소리로 읽어 내려갔어요. 그것도 스페인어로요. 여기 그의 기준대로 쓴 인사말을 번역해 보았어요.

코르테스. 멕시코의 기후와 맞지 않은 옷을 입고 있어요.

나는 당신들이 교회를 성모 마리아로서 인정하기를 바라며, 교황의 이름으로 왕께서 이 땅의 주인이 되고 그의 명령에 복종하기를 간청하는 바이다. 그렇지 않으면 (…) 여러분이 처하게 될 죽음과 부상은 오롯이 당신들의 잘못이 되며, 폐하와 나를 따라온 신사들의 잘못이 아닐 것이다.

코르테스와 군사들이 내륙으로 이동하는 동안, 이들은 자신의 '요구 사항'을 읽으며 일부 원주민들을 개종시켰어요. 그리고 마을을 지나갈 때마다 금이 보이면 속속 훔쳐갔지요. 그리고 이들은 테노츠티틀란을 향해 계속해서 행군했어요. 그곳에 금이 어마어마하게 많이 있다고 믿었거든요. 군사들이 아스테카의 도시 중 하나였던 촐룰라를 지나던 어느 날 밤, 코르테스는 누군가 스페인 군사를 공격하려 한다는 소문을 들었어요. 그 소문은 아마 사실이 아니었을 거예요. 아무튼 그는 군사들에게 먼저 공격하라는 명령을 내렸어요. 군사들은 도시에 사는 사람들을 모조리 학살하고 전부 다 불태워 버렸어요. 그리고 계속 앞으로 나아갔습니다.

코르테스는 테노츠티틀란에 조공을 바치는 데 지친 아스테카의 적국들과 재빨리 동맹을 맺었어요. 그중에서도 트라스칼라가 특히 적극적이었어요. 트라스칼라 전사들은 수도로 진군하는 스페인 군대에 합류했어요.

목테수마 2세의 실책

그 사이에, 목테수마의 첩자가 얼굴이 창백하고 냄새나는 남자들이 우스꽝스러운 철제 모자를 쓰고 **거대한 사슴**을 탄 채 나타났다는 소식을 황제에게 알렸어요. 더 나쁜 소식은 이방인들이 도시로 진군하고 있다는 것이었어요.

목테수마 2세는 어떻게 해야 좋을지 생각하려 내실로 물러났어요. 참모들은 외부인들을 죽여야 한다고 권고했어요. 하지만 목테수마는 망설였어요. 코르테스가 대기의 신이면 어쩌지? 신이 조만간 오신다고 들었는데!

> 아스테카인들은 그전에는 말을 본 적이 없어서 사슴이라고 생각했어요.

목테수마 2세는 스페인 군사에 전갈을 보냈어요. 사신은 이방인들에게 호화로운 선물을 건네주며 물러나 달라고 부탁했어요. 불행히도 선물 중 일부는 금으로 만들었기 때문에, 오히려 스페인 군사는 도시에 들어가고 싶어 더욱 안달이 났어요. 그래서 물러나지 않고 그대로 있었지요. 마침내 황제는 이방인들을 손님으로서 도시로 초청했어요. 커다란 실수였지요.

몇 달 동안 씻지도 못하고 제대로 된 음식도 먹지 못했던 스페인 군사들은 거대 도시로 들어온 순간 깜짝 놀랐어요. 이윽고 목테수마 2세가 친히 모습을 드러냈어요. 화려한 예복 차림에 수많은 아스테카 장식과 깃털을 단 채 말이에요. 보석이 박힌 재규어 가죽 샌들의 밑창에는 금이 있었지요.

스페인 군사는 금이 있는 부분을 알아차렸어요. 황제가 방문객들에게 다가갈 때마다 하인들이 그 앞에서 길을 쓸었어요.

스페인 군사들은 목테수마 2세의 왕궁을 구경했지요. 새장과 동물원에는 야생 동물과 독을 품은 생명체가 가득했어요. "꼬리에 **캐스터네츠**를 달고 있는" 뱀도 있었지요.

> **캐스터네츠**
> 손에 들고 연주하는 악기로, 스페인 춤을 출 때 리듬에 맞추어 딱딱 소리를 내요.

그리고 나서 목테수마 2세는 템플로 마요르로 안내했어요. 이방인들은 인간의 두개골이 쌓여 있는 모습과 심장이 불에 타서 나는 악취, 그리고 인간의 피를 뒤집어 쓴 사제를 보고 기겁을 했어요.

스페인 군사는 목테수마 2세의 손님으로 몇 주 동안 머물렀어요. 아스테카인들은 외국인들이 금을 두고 재잘거리는 모습을 보고 당황했어요. 그들에게 금은 옥이나 특이한 새의 깃털만큼 별다를 게 없는 물건이었거든요. 아스테카인들은 금을 '테오쿠이틀라틀'이라 불렀는데, "신의 배설물"이라는 뜻이라고 해요.

코르테스는 오만한 태도로 인신 공양을 멈추고 아스테카인들에게 그리스도교의 신을 믿으라고 요구했어요. 목테수마 2세는 남의 명령을 따른 적이 없었으니 그 말을 무시했지요. 정복자들과 그들을 손님으로 맞은 주인장 사이는 급격히 냉랭해졌어요. 코르테스는 상상도 못할 짓을 했어요.

군사들을 시켜 목테수마를 인질로 잡은 거예요. 황제가 인질로 잡혔다는 소식은 테노츠티틀란 전역으로 빠르게 퍼졌습니다.

신전에서는 빠르게 북을 쳤어요. 화가 난 아스테카 전사 수천 명이 무장을 하고 싸우러 가라는 부름에 응했지요.

무시무시한 전투가 뒤따랐어요. 수적으로 열세한 스페인 군사들은 자신들이 가져온 말과 대포, 화승총을 보고 아스테카 전사들이 겁먹기를 바랐어요. 하지만 아스테카 전사들을 겁주기에는 턱없이 부족했어요. 코르테스의 군사들과 동맹군은 왕궁의 벽 뒤로 후퇴했지요. 코르테스는 목테수마에게 군사들이 물러가도록 명령하라고 재촉했어요. 목테수마는 난간에 서서 연설을 했어요. 스페인 사람들의 말에 따르면 군중 속에 있던 누군가가 돌을 던졌고 목테수마가 맞았다고 해요. 그러자 누군가가 또 돌을 던졌죠. 멕시코에서 쓰인 이야기에서 목테수마는 스페인군에 살해당했다고 해요. 그는 사흘 후에 세상을 떠났어요.

격렬한 전투가 몇 번 더 벌어진 후, 코르테스와 군사들은 필사적으로 달아났어요. 달아나는 길에 스페인 군사 몇몇은 황제의 보물 창고를 뒤져서 주머니에 금과 보석을 마구 쑤셔 넣었답니다. 그중에 대다수는 도망가던 도중에 운하에 빠져 돌처럼 가라앉아 버렸습니다.

몇 달 후 스페인 사람들과 동맹군은 군사를 더 많이 데리고 와 도시를 포위했어요. 군사들이 도시를 에워싸는 동안 천연두가 퍼져 셀 수도 없을 정

코르테스와 목테수마 황제의 만남. 그 끝은 좋지 못했습니다.

도로 수많은 아스테카인들을 죽였어요. 테노츠티틀란의 백성은 신이 자신들을 버렸다고 생각하며 병마에 쓰러졌고 마침내 항복하고 말았습니다.

  코르테스와 스페인 사람들은 연기가 채 가시지 않은 도시의 잔해 위에서 식민지 건설 사업을 시작하고 도시를 몽땅 뜯어 고치기 시작했어요. 아직 무너지지 않은 수많은 건물을 해체하고 여기에서 나온 돌을 새 건물을 짓는 데 이용했지요. 신전은 교회가 되었어요. 새롭게 개조한 도시는 누에 바에스파냐 식민지의 일부분이 되었고요. 살아남은 아스테카인들은 스페인의 생활 습관과 종교를 택했지만 전통은 여전히 고수했어요.

한때 영광을 누렸던 아스테카 문명은 겨우 2백 년 밖에 지속되지 못했답니다.

현재로 돌아와서

1978년 거대한 둥근 돌이 세상에 나온 이후, 아스테카 유적이 속속 발굴되었어요. 2006년 새 건물의 기반을 파내던 일꾼들은 아스테카에서 믿던 대지의 여신을 나타내는 12톤짜리 직사각형 그림도 찾아냈답니다. 2017년에는 또 다른 거대 신전과 연회장 일부가 호텔 밑에서 나왔어요.

템플로 마요르가 우연히 발견되고 나서 고고학자들은 신전의 유적을 대규모로 발굴했어요. 더 많은 유적이 땅에서 7미터 아래 지점에 있지요. 오늘날 고고학자들은 멕시코시티 전역에서 활동하고 있어요. 이 도시의 중요한 역사가 여전히 세상과 만나기를 기다리고 있답니다.

14장

왜 여기에 무덤이

발견

1989년, 뉴욕시의 중심부. 34층짜리 연방 정부 기관의 건물을 새로 짓는 날이에요. 도시 한가운데 땅에 커다란 구멍을 뚫기 전 으레 그렇듯이, 건축업자들은 환경 영향 연구라는 것을 실시하라는 요청을 받습니다. 건축업자들은 땅속에 역사적으로 주목할 만한 것이 없는지 확인하며 도시의 옛 기록을 확인해요.

그저 형식적인 절차예요. 무언가 나오리라고는 아무도 예상하지 않지요. 이들은 18세기에 만들어진 오래된 지도를 찾아내요. 지도에서 새로운 빌딩이 들어설 지역의 일부분은 도시의 '공유지'로 쓰였던 곳과 겹쳤어요. 이곳이 누구나 사용할 수 있는 공공장소였다는 말이지요. 그리고 어떤 오래된 문서를 보니 1600년대 도시가 처음 들어섰을 때, 공유지는 원래 소를 기르던 목장이었다고 해요. 1700년대에 이르자 공유지가 있는 지역에 공공건물이 세워졌는데, 그중에는 빈민 구호소도 있었어요. 지도를 보아 과거에 아프리카인의 후손들을 묻었던 묘지도 있으리라 짐작이 가는군요.

하지만 그저 머나먼 과거의 일일 뿐이에요. 19세기와 20세기에 맨해튼은 급속히 성장했지요. 공유지였던 곳은 새로운 건물이 속속 들어섰어요. 거리 아래 깊숙이에는 수도관과 전기 배관이 놓였고요.

그리고 묘지에는 대개 시신들이 땅 밑 2미터 아래에 묻혀 있다는 사실을 누구나 알고 있어요. 뉴욕에서 대부분 건물의 지하 2층은 6미터 아래에 있어요. 사람의 유해가 한때 이곳에 묻혔다고 해도, 수세기 동안 건물이 들어서고 구멍을 파서 배관을 놓은 마당에 유해를 수습할 수 있는 방법이 없지요.

그래도 건물주가 지켜야 하는 건축 법규에 따라, 연방 정부는 확실히 조사를 하고 넘어가야 해요. 건축업자들은 고고학자들을 불러 주변을 조금만 파달라고 요청하지요.

땅을 얼마 파지도 않았는데, 고고학자들은 18세기 관을 발굴해요.

개발보다 더 중요한

건설 계획은 보류되었어요. 놀랍게도 관이 점점 더 많이 나왔기 때문이에요. 오래된 지도는 정확한 것으로 드러났어요. 지도에서 이 지역이 '흑인 매장지'라 불리는 곳이었다고 나왔거든요. 하지만 건물이 수백 년이나 있었는데도 어떻게 유골들이 그리 멀쩡했을까요?

조사를 좀 더 한 끝에, 연구자들은 지난 19세기에 공유지가 저지대였다는 사실을 알게 되었어요. 근처에서 건물 기반을 세우느라 땅을 파내면서 퍼 올린 흙을 공유지에 버렸고, 그 바람에 묘지가 6미터 아래로 묻혔던 것이죠. 그곳은 흑인들을 위한 묘지였고 또 그 흑인들은 대부분 노예들이었기 때문에 백인 지도 제작자들은 지도에 굳이 묘지 위치를 표시할 생각을 하지 않았던 거예요. 결국 층층이 쌓인 흙이 그곳에 묻힌 사람들의 유해를 보호한 셈이 되었지요.

묘지를 발견했다는 소식이 일반에게도 알려졌어요. 인간의 유해를 전문으로 연구하는 고고학자들은 열두 구의 유해를 조심스럽게 꺼냈어요. 발굴 조사가 시작된 지 1년, 그때까지 찾아낸 유해만 해도 거의 4백 구에 달했답니다. 하지만 매일 같이 긴 시간을 일했는데도, 발굴자들은 얼른 작업을 끝내야 한다는 압박에 점점 시달렸어요. 그래야 건물을 다시 지을 수 있으니까요.

'공유지common'라고 표시된 지역이 보이나요? 그곳이 매장지가 있는 위치예요.

　정부가 건축을 재개하기를 원한다는 소식이 알려지자, 사람들이 거세게 반대하며 일어섰어요. 흑인 지역 단체 회원들과 여러 번 회의를 가진 후 연방 정부의 부동산을 소유하고 있던 사람들은 이 지역에 건물을 세우는 계획을 철회한다고 밝혔지요. 건축 계획을 수정하여 1994년에 완공하기로 하되, 묘지는 그대로 두기로 했어요.

　발굴이 계속되었습니다. 아프리카 출신 흑인 노예 후손 모임의 협회장들과 학자들도 마침내 이 프로젝트에 합류했어요. 그 후 몇 년 동안 인류학자인 마이클 블레이키 박사의 지휘 아래, 하워드 대학의 역사가, 고고학자, 인류학자와 다른 대학의 연구진들이 모여 그 지역에서 발견된 유골 조각과 유물을 하나하나 조사했어요. 조사가 끝난 유해는 그 지역에 다시 매장했고 기념비와 박물관도 세웠습니다.

맨해튼에 등장한 네덜란드인

1620년대에 네덜란드의 모피 무역업자들은 맨해튼의 남쪽 끄트머리에 식민지를 세우고, 그곳을 뉴암스테르담이라 불렀어요. 그 지역에는 숲과 목초지, 연못이 있었는데, 수백 년 동안 아메리카 원주민인 델라웨어족의 보금자리였답니다. 첫 번째 네덜란드 총독이었던 페터르 미나위트는 델라웨어족과 협상에 나섰어요. 그는 네덜란드 동전과 장신구 몇 개를 교환하고 맨해튼을 샀다고 믿었지요. 델라웨어족은 땅을 나누어 쓰자는 의미로 받아들였고요. 이러한 '오해' 때문에 아메리카 원주민과 백인 정착민들 사이에 수십 년이 넘도록 격렬한 충돌이 일어났어요.

1626년이 되자 뉴암스테르담은 3백여 명이 사는 작은 마을로 성장했어요. 대부분 유럽인의 후손들이었지요. 같은 해 아프리카 노예 열한 명이 식민지로 끌려왔어요. 노동력이 계속해서 부족하던 차에 노예의 수는 점점

> **방어벽을 치다**
>
> 1653년 영국과 네덜란드 사이에 전쟁이 일어났어요. 흑인 노예들은 정착민을 보호한다는 명목으로 뉴암스테르담의 북쪽 경계를 따라 높다란 벽을 세워야 했어요. 지금은 벽이 사라지고 없지만, 벽이 늘어선 길이라는 뜻의 월스트리트(Wall Street)라는 이름은 남아 있답니다.

더 늘어났습니다. 1644년에서 1664년 사이에 뉴암스테르담에 들어온 노예 인구는 세 배가 되었어요.

뉴암스테르담이 뉴욕이 되다

1664년 네덜란드 정부는 뉴암스테르담을 영국에 어쩔 수 없이 **넘겨주었어요**. 뉴암스테르담이라는 이름은 뉴욕으로 바뀌었어요. 정착지가 급성장하자 영국은 노동력도 더욱 많이 필요해졌어요. 그래서 아프리카와 카리브해에서 노예들

> 긴 이야기이지만, 영국과 네덜란드 사이에 이루어진 협상은 기본적으로 땅을 맞바꾸는 것이었어요. 지구 반대편에 있는 인도네시아 반다 제도에서 두 나라는 육두구 주도권을 놓고 싸움을 벌였어요. 맞아요, 향신료로 쓰이는 육두구요. 육두구 무역은 꽤 큰 이익을 남겼거든요. 인정사정없는 싸움 끝에 두 국가는 조약을 맺었어요. 네덜란드는 육두구 농장을 모두 차지했어요. 영국은 맨해튼을 얻었지요. 두 나라 모두에게 썩 만족스러운 거래는 아니었어요.

을 더 많이 뉴욕으로 데리고 왔지요. 1700년에 이르러 뉴욕은 약 5천 명이 사는 번화한 항구가 되었어요. 그중에 최소 7백 명 이상이 흑인 노예 또는 해방된 흑인이었습니다.

묘지가 만들어지기 시작하다

다른 수많은 식민지 도시처럼, 영국 관료는 백인 뉴욕 시민과 흑인 거주민이 같은 장소에 매장되는 것을 금지했어요. 그래서 흑인들은 맨해튼 남부 끝에서 북쪽으로 약 2킬로미터 떨어진 곳에 흑인 전용 묘지를 만들었지요. 묘지는 도시 외벽 밖에 있었고 공식 허가를 받지는 못했지만 그 누구도 신경을 쓰지 않았어요. 그곳은 아무도 원하지 않는 땅이었으니까요. 그곳에 묻힌 시신 중에는 흑인 자유민도 있었지만 대부분은 노예들이었어요. 나중에 일어난 독립 전쟁 중에는 영국군이든 아메리카 독립군이든, 백인이든 흑인이든 포로를 묻는 곳으로 이용되었어요.

흑인이 도시를 세우다

1700년대 전반부에는 뉴욕에 살던 노예들이 다양한 직종에서 활약했어요. 여성 노예들은 청소와 요리를 하고, 장을 보고, 빨래와 바느질도 하고, 물도 길어 날랐지요. 백인 아이들을 돌봐 주기도 했어요. 남자들은 주로 단순 노동을 했는데, 부잣집에서 하인 노릇을 했던 노예도 일부 있었어요. 어떤 남성 노예들은 사업의 달인이 되었어요. 이들은 다른 노예들과 함께 **도공**이나 목수, 대장장이, **통장이**로 일했어요. 읽고 쓸 줄 아는 사람들은 대개 상인이나 변호사, 의사 밑에서 일했고요. 때로 노예 주인들은 자신들이 부리는 노예들을 도시로 보내 댐을 짓는 일이나 도로를 내는 일, 운하를 파는 일 등 공공사업에 참여하도록 했어요. 흑인 주거지가 백인 주거지와 구분되어 있던 남부 식민지와는 달리 뉴욕에 살던 노예 대부분은 노예 주인들과 같은 지붕 아래 살았어요. 노예들은 지하 창고나 다락방, 주방 등에서 잠을 자고는 했지요. 여름에는 끔찍하게 덥고 겨울에는 참을 수 없을 정도로 추운 곳이었어요.

도시의 백인 인구가 점점 늘어나자, 영국 법 아래에 있던 뉴욕 흑인들의 삶은 더 팍팍해졌어요. 노예들의 권리는 네덜란드 법 아래에 있을 때보다

> **도공**
> 도자기를 만드는 장인을 말해요.

> **통장이**
> 나무로 통을 만들고 고치는 사람이에요.

집안일을 하는 시녀(왼쪽)와 부둣가 노동자(오른쪽)를 그린 진귀한 그림. 아프리카 노예들은 초창기부터 뉴암스테르담에서 고된 노동에 시달렸어요.

더 적어졌지요. 허가 없이는 주인의 주거지를 떠날 수 없었어요. 노예들이 네 명 이상 모이면 불법이었고요. 백인 뉴욕 시민들은 흑인들이 반란을 일으킬까 봐 두려워했거든요. 그리고 물론, 노예들 모두 다시 팔려 나가 사랑하는 이들과 헤어질지도 모른다는 두려움이 끊이지 않았어요.

   그래도 노예들은 자신들의 움직임을 제한하려는 법에 맞서려고 노력했어요. 전문 기술을 가진 노예의 수요가 워낙 많았고 백인 주인은 집을 비우는 일이 잦았기 때문에, 흑인들은 물을 긷는 양수기와 주점에서 만날 수 있었어요. 이들은 주로 밤에 모여서 죽은 이들을 묻었어요. 그리고 음악과 노래, 장례식을 포함한 종교 모임을 통해 어떻게든 자신들의 문화적 정체성을 기리려 했답니다.

삶의 흔적

어떤 무덤에서는 어머니의 품에 안긴 아기들이 나오기도 했어요. 구슬과 단추, 동전, 반지, 담배 등 사람들이 지니고 있던 물건도 함께 나왔지요. 어떤 유골은 앞니가 뾰족하게 또는 모래시계 모양으로 독특하게 갈린 것도 있었어요. 치아를 모양내는 일은 수많은 서아프리카 문화에서 볼 수 있는 풍습이었으며, 그 덕분에 고고학자들은 유골이 아프리카 어느 지역 출신인지 알아낼 수 있었습니다.

　질병과 고된 노동은 사람들의 뼈에 그대로 나타났어요. 뼈에는 구루병, 골절, 영양실조 등의 흔적이 고스란히 보였지요. 일부 뼈에 두툼하게 솟은 부분은 평생 무거운 짐을 지고 살았다는 사실을 증명했어요. 척추가 손상된 경우는 말 그대로 등이 부러질 정도로 힘든 일을 했다는 뜻이었고요. 어떤 젊은 여성의 유골에서는 갈비뼈에 총알이 박혀 있었어요. 총에 맞아 살해되었을 가능성이 높았겠지요. 아마도 도망치려 했거나, 반란에 가담했을지 몰라요.

뉴욕과 독립 전쟁

독립 전쟁은 1775년에 일어났어요. 영국과 아메리카 식민지 둘 다 군인이 심각하게 모자랐지요. 전쟁 초기에는 노예들이 아메리카 식민지 군대에 입대할 수 없었어요. 하지만 버지니아의 영국 총독이었던 던모어 경이 노예들에게 영국 편으로 참전하면, 전쟁이 끝난 후 자유의 몸으로 풀어 주겠다고 선언했어요. 남부에 있던 노예들은 주인으로부터 도망쳐 버지니아로 속속 몰려들었어요. 그리고 영국 편에서 전쟁에 나섰답니다.

그 덕분에 아메리카 식민지 주민들도 자신들이 만들어 놓은 정책을 다시 고려하게 되었어요. 흑인의 입대를 허용하는 주가 하나씩 늘어났지요. 아메리카 식민지들도 전쟁이 끝나고 자유롭게 풀어 주겠다는 약속을 흑인 노예들에게 했어요.

영국군은 1776년 뉴욕을 포위했어요. 영국은 그 후 7년 동안 도시를 점령했지요. 1779년 영국의 헨리 클린턴 장군은 성명을 발표했어요. 주인에게서 달아나 북부의 영국군에 합류하는 노예를 모두 자유 신분으로 풀어 주겠다고 제안했어요.

전쟁 후 자유의 몸이 되리라는 희망에, 남부에서 도망친 노예 수천 명이 영국이 점령하고 있던 뉴욕으로 몰려들었어요. 남자와 여자 모두 짐꾼과 선원, 요리사, 재봉사 등으로 일했지요.

1989년 가장 먼저 발굴된 유골은 남성 군인의 것으로 밝혀졌어요. 무덤에 함께 묻혔을 군복은 오랜 시간이 흘러 삭아 없어졌지만, 발굴자들은 유골의 주인이 독립 전쟁 당시 영국 해군 소속이었다는 것을 증명할 단추를 찾아냈답니다.

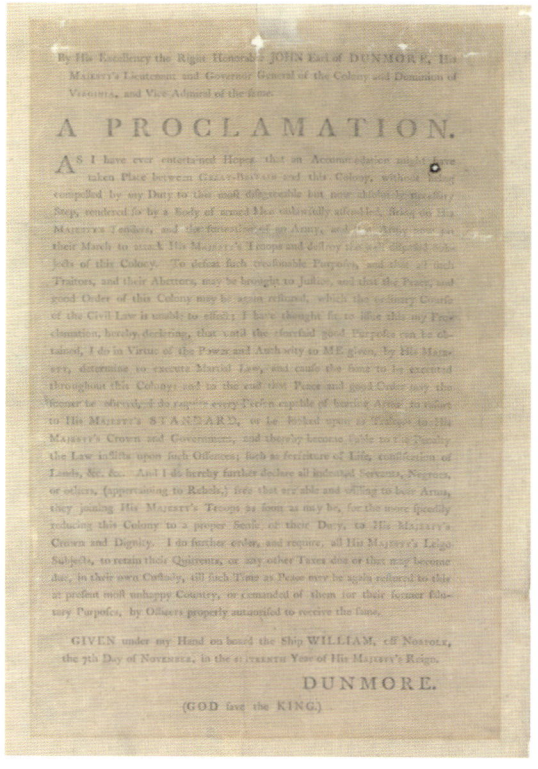

던모어 백작 존 머리가 작성한 선언문

영국 함대에 올라타다

전쟁은 아메리카 식민지의 승리로 돌아갔어요. 1783년, 양측은 조약을 맺었지요. 조약에 따라 영국은 아메리카 식민지의 자산을 단 하나도 가져가지 않는 한, 아메리카 식민지에서 평화롭게 떠날 수 있다는 허가를 받았어요. 아메리카 독립군 사령관인 조지 워싱턴의 관점에서 '자산'에는 **노예도 포함**되었어요.

> 맞아요. 조지 워싱턴은 노예 소유주였어요. 그는 죽을 때까지 노예를 316명이나 두었죠.

하지만 클린턴 장군은 영국 편에 서는 흑인들을 풀어 주겠다는 자신의 약속을 지켰어요. 그가 워싱턴에게 설명한 대로, 노예였던 흑인들을 아메리카 식민지인들에게 돌려주는 것이 양심에 걸렸어요. 그렇게 되면 주인에게서 도망쳤다는 죄로 혹독한 처벌을 받거나 처형까지 당할 우려가 있었으니까요. 이는 그의 말마따나 "공공의 신뢰를 부도덕하게 위반하는" 행위가 될 수 있었어요.

흑인들은 영국의 영역 중 어디로 가건 영국 함선에 타기 위해 부두로 몰려들었어요. 클린턴 장군은 이송하는 흑인들의 기록을 세심하게 적으라고 명령했어요. 나중에라도 미국 노예주들이 "잃어버린 재산"의 대가로 영국에 보상금을 요구할 수 있었으니까요. 영국은 4천 명이 넘는 남자와 여자, 아이 들의 상세 등록 명부를 만들었어요. 등록 명부에는 탑승자의 이름과 전 주인의 이름, 이들이 타고 가는 배와 간략한 외모에 대한 설명 등이 적혔어요. 다음과 같은 외모 설명을 보면 탑승객과 기록 작성자의 성향을 모두 알 수 있었지요. "착한 소년", "악동 기질이 다분함", "거의 쓰러지기 일

북부의 노예제

뉴욕에도 노예가 엄청나게 많이 살았다는 사실, 알고 있었나요? 역사책에서는 대부분 남부에 살았던 노예들만 집중적으로 다루지요. 하지만 사실 1703년까지 맨해튼에 살던 백인 가정 중 40퍼센트가 흑인 노예를 두었어요.

독립 전쟁이 끝난 후, 면화 생산을 하는 남부와 달리, 북부는 경제 활동을 하는 데 노예들에게 의지할 필요가 없었어요. 따라서 북부의 백인들에게는 자신의 양심에 따라 노예제 철폐를 외치며 싸우는 일이 당연했지요. 뉴욕은 1827년 노예 제도를 폐지했어요. 하지만 남부와 미국 전역에서는 남북 전쟁이 끝난 1865년까지 노예 제도가 폐지되지 않았지요.

보 직전".

짜증이 잔뜩 난 워싱턴은 친구에게 보내는 편지에 이렇게 썼어요.

"이제 나도 제대로 알게 되었네. 주인에게서 도망친 저 노예들을 결코 되찾을 수 없다는 사실을 말이야."

현재로 돌아와서

묘지는 1795년 문을 닫았어요. 그 시기에 도시는 북쪽으로 계속 확장해 나갔고 땅값이 올랐지요. 한때 공유지였던 곳에 백인 건축업자들이 건물을 짓자, 현재 맨해튼 로어이스트사이드가 된 곳에 새로운 흑인 묘지가 만들어졌어요.

  그 자리에 유해가 얼마나 매장되어 있는지는 아무도 알 수 없지만, 아마도 1만 명에서 2만 명이 묻혀 있을 거라 추정해요. 원래 묘지였던 곳은 아마도 2만 제곱미터가 넘을 거예요. 발굴한 유해는 2003년에 다시 매장되었습니다. 남은 묘지도 발굴하지 않고 그대로 둘 거예요. 연방 정부 건물은 원래 묘지가 있던 지역 일부분에 세웠고, 1층에는 방문객을 위한 센터를 만들었어요. 남은 부분은 일반인에게 공개하여 별관과 '기억의 벽'을 세웠습니다. 오늘날 원래 묘지였던 곳에 건물을 지으려면 특별 허가를 받아야 해요. 아프리카 흑인 묘지는 2006년 미국 국립 기념물로 지정되었습니다.

15장

도랑 속 살인 사건

발견

때는 1991년. 장소는 이탈리아와 오스트리아 사이의 국경 근처에 있는 알프스의 높은 산자락. 독일에서 온 헬무트와 에리카 시몬 부부가 등산을 하고 있습니다. 따스한 여름이고 얼음과 눈은 일부 녹아 있어요. 부부는 도랑 가까이에 다가갑니다. 40미터 길이에 깊이는 3미터가량 되는 곳이에요. 도랑에서 시체로 보이는 무언가가 부부의 눈에 들어옵니다. 그들은 자세히 보려고 더 가까이 다가가요. 확실히 남자의 시신이에요. 그는 얼굴을 아래로 한 채 엎드려 있고, 하반신은 얼음 속에 빠져 있던 상태입니다.

부부는 산악 구조대에 알려요. 시신이 국경 근처에서 발견되었기 때문에, 오스트리아와 이탈리아 경찰이 현장에 도착합니다. 구조대는 곡괭이와 드릴로 시신을 얼음에서 겨우 빼내요. 모두들 처음에는 사

처음 발견되었을 때의 아이스맨

고로 목숨을 잃은 등산객이겠거니 해요. 사람들은 시신과 근처에서 찾은 물건들을 **검시소**로 옮겨요. 의료진은 자신들의 눈앞에 놓인 상황이 심상치 않다는 것을 깨달아요. 힌트를 하나 주자면, 시신 근처에서 발견된 도구와 물건들은… 현대에 쓰이는 것들이 아니에요. 고고학자들이 소환됩니다.

> **검시소**
> 죽은 사람의 사망 원인을 밝히는 검시관이 시신을 조사하는 곳이죠.

외치가 발견된 장소

결론적으로, 보존이 잘 되었던 시신은 사람들이 생각했던 것보다 다소 오래되었다는 것이 밝혀져요.

정확히 말하자면 5천 년 이상이었죠.

그냥 시신이 아니었어

흥분이 점점 고조되는 가운데, 고고학자들은 세계에서 가장 오래되었으면서도 보존이 잘된 미라를 보고 있다는 사실을 깨달았어요. 그들은 미라에게 '외치'라는 이름을 붙여 주었고 검사를 시작했지요. 외치가 가지고 있던 도끼와 활, 단검, 옷, 그리고 몇몇 의문스러운 물건들도 함께 검사했어요. 이후 25년 동안 국제 연구원들은 외치의 세포 유전자뿐만 아니라 몸 구석구석을 모두 조사했어요. 그는 가장 자세히 연구된 인간이 된 셈이었지요.

외치가 보여 준 놀랍고도 신기한 점은 그가 미라이기는 했지만 이집트에서 만든 그런 종류의 미라와는 달랐다는 것이었어요. 이집트의 미라는 내장을 없애고 몸을 말린 다음, 방부 처리하고 사후 세계까지 보존하기 위해 포장을 하거든요. 외치는 놀랍게도 '축축한 미라'였어요. 다시 말해 자연스럽게, 그리고 재빨리 보존되었다는 말이지요. 외치는 죽고 나서 부패되기 전, 빠르게 냉동이 된 경우였어요. 그리고 도랑에 빠져 죽었기 때문에 거대한 유빙이 산 위에서 내려와도 상대적으로 손상을 입지 않았답니다.

외치가 그곳에 누워 있은 지 5,300여 년이 지났지만, 과학자들은 그의 내부가 잘 보존되어 있다는 것을 알게 되었어요. 장기를 분석한 결과 마지막 식사로 무엇을 먹었는지도 알 수 있었거든요. 유전자 지도를 그려서 그의 갈색 눈, 갈색 머리카락, 그리고 혈액형과 그가 앓았던 질병까지도 알 수 있었습니다.

비밀이 드러나다

예술가가 외치의 모습을
추측하여 재현했어요.

외치는 40대 즈음에 세상을 떠 났어요. 그 당시치고는 상당히 나이가 많았지요. 키는 대략 160센티미터였고요. 다리의 강인한 근육과 뼈를 보면 많이 걸어 다녔고 무거운 물건을 옮겼다는 것을 알 수 있어요. 그가 가축을 몰고 다녔다는 추측을 할 수 있는 대목이지요. 치아에 미네랄이 있는 것으로 보아 그가 마시던 물에 무엇이 있었는지 알 수 있으며,

이를 통해 과학자들은 그가 어릴 때 어디에 살았는지 추측할 수 있었어요.

외치의 몸에는 50개가 넘는 문신이 있었어요. 지금처럼 바늘로 문신을 하는 것이 아니라, 누군가가 숯을 문질러 만든 상처들이었어요. 문신은 멋을 내려고 한 것 같지는 않았어요. 대부분이 하반신에 있었고 옷으로 가려져 있었거든요. 아마도 통증을 줄이기 위해 침을 놓았던 것으로 보여요. 외치를 발견하기 전, 과학자들은 침술이 그토록 오래전부터 있었다는 사실을 몰랐어요. 외치가 살고 있던 곳에서도 말이에요.

외치의 마지막 날

외치가 마지막 생애를 어떻게 보냈는지 알아봅시다. 그는 잠에서 깨어 추위를 막아 줄 장비를 입었어요. 염소 가죽으로 만든 보온 바지와 사슴 가죽으로 만든 웃옷, 그리고 동물의 힘줄로 꿰맨 풀 망토 등이었지요. 추위를 피하기 위해 가죽신에 풀을 채워 넣고, 곰 가죽으로 만든 모자도 썼습니다.

그러고 나서 그는 **푸짐한 아침 식사**를 즐겼어요. 기름이 뚝뚝 흘러내리는 산양 스테이크와 곡

> 외치의 위장에서는 고사리도 나왔어요. 독성이 상당히 강한 식물이죠. 과학자들은 외치가 이 커다란 양치식물로 점심 도시락을 둘둘 감쌌을 거라 생각해요. 습관적으로 이렇게 하다 보니 만성적으로 위장병에 시달렸을지 몰라요.

식으로 만든 음식, 아마도 빵을 먹었겠지요. 아침부터 너무 많이 먹는다는 말이 절로 나온다고요? 외치는 등산을 하는 동안 추위를 견디려면 칼로리가 충분히 필요하다는 사실을 잘 알고 있었어요. 여기에 염소 연골을 씹으면 딱 좋았지요.

그다음, 그는 장비를 맸어요. 나무 손잡이가 달린 구리 도끼, 활, 돌화살촉이 달린 화살을 넣는 화살통, 그리고 돌로 만든 단검이었지요. 손가방 안에는 두 가지 버섯을 가지고 다녔어요. 하나는 불쏘시개 용도로 쓰는 버섯이었는데 말려서 불을 피웠고, 다른 하나는 자작나무의 포자였는데 소독제로 쓰였어요. 지금의 의료용 밴드처럼 풀 몇 가닥을 상처 주위에 묶기도 했지요.

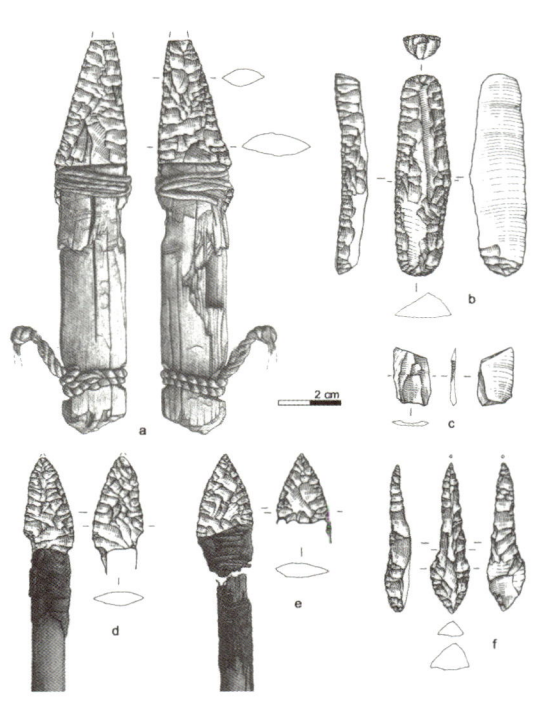

외치가 사용한 도구

기습 공격

외치는 몇몇 고질병에 시달렸어요. 충치가 심했고 치주염을 앓고 있었지요. 위장 안의 기생충 때문에 설사가 계속되었고 비소 중독도 심각했어요. 구리를 추출하기 위해 광석을 뜨겁게 달굴 때 비소 먼지가 나오기 때문에, 과학자들은 그가 대장장이가 아니었을까 추측하고 있어요. 그의 유전자를 보면 보렐리아라는 세균이 병을 일으켰다는 것을 알 수 있어요. 즉, 그는 **라임병**을 앓았던 최초의 인간이 된 셈이지요. 벼룩도 있었고요.

> **라임병**
> 살갗에 붉은 반점이 생기는 피부병이에요.

하지만 외치가 가지고 있던 문제 중 벼룩은 정말 아무것도 아닌 것으로 밝혀졌어요. 세상을 떠나기 며칠 전, 싸움에 휘말렸는데 정말 끔찍한 다툼이었어요. 그는 상대방이 휘두르는 칼을 막으려 했는지 오른손에 깊은 상처를 입었어요. 손에는 치료 흔적이 남아 있었어요.

외치를 연구하고 몇 년이 흐르고 나서야, 어떤 관찰력이 뛰어난 방사선 학자가 엑스레이를 통해 외치에게 심각한 건강 문제가 있다는 사실을 알아냈어요. 외치의 왼쪽 어깨에 화살촉이 박혀 있었거든요.

화살대는 사라지고 없었어요. 누군가가 화살을 뽑아서 부러진 화살촉만 외치의 어깨에 남겨 두었지요. 외치는 화살을 스스로 뽑을 수 있었을까요?

> ### 청동기 시대라는 근거
>
> 외치는 유럽의 청동기 시대에 살았어요. 돌로 만든 도구와 무기가 금속으로 이제 막 바뀌던 시대였지요. 그중에 구리는 초창기에 쓰이던 금속 중 하나였어요. 광물이었고 어디에서나 구하기 쉬웠지요. 상대적으로 유연하고 구부리기 쉬워서 녹이지 않아도 두드려서 다른 모양으로 만들 수 있었어요. 결국 나중에는 녹여서 물건을 만들었지만요.
>
> 외치의 발견이 특히 흥미로운 이유는 거의 알려지지 않았던 유럽 청동기 시대의 일상생활이 밝혀졌기 때문이에요. 이때는 수렵과 채집 위주의 생활 방식이 농업 중심으로 광범위하게 바뀌는 과도기였어요. 외치 덕분에 이 시기 인간의 문화에 대해 더 잘 알 수 있게 되었답니다.

아니면 상대방이 자신의 화살을 뽑아서 가져가 버린 걸까요?

실험을 거듭하자 새로운 사실이 속속 드러났습니다. 외치는 뒤에서 공격당했어요. 화살촉의 위치를 보아 동맥을 뚫은 것으로 추정되며, 이 때문에 과다 출혈로 몇 분 안에 사망했을 거예요.

그는 또한 심각한 머리 부상을 안고 있었어요. 상대방이 쏜 화살에 맞아 쓰러졌는데, 그것이 그가 목숨을 잃은 원인이 되었을까요? 아니면 아직 목숨은 붙어 있었지만 상대방이 외치를 벼랑 아래로 떨어뜨려서, 도랑에 빠지며 머리를 부딪쳤던 걸까요?

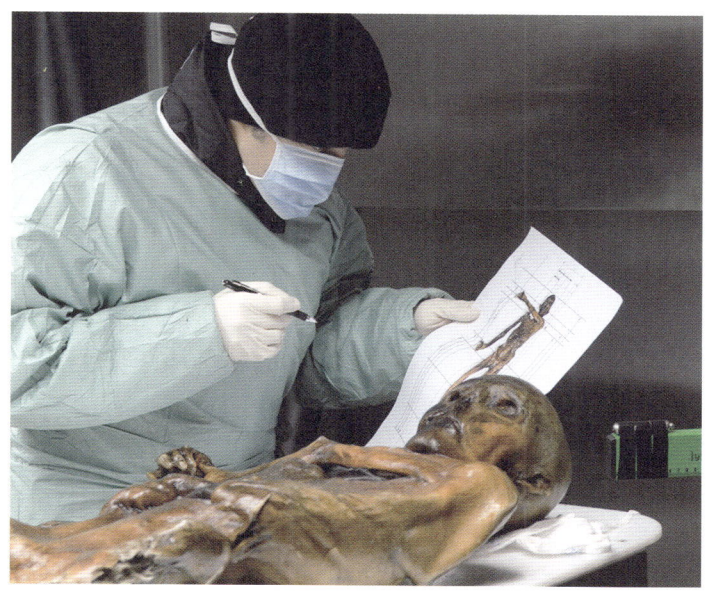

검사를 받고 있는 외치

어떤 일이 일어났든, 그리고 어떻게 목숨을 잃었든, 외치의 사망 원인은 분명해요. 그는 살해되었어요.

현재로 돌아와서

현재 외치의 시신은 이탈리아 북부의 남티롤 고고학 박물관에 잘 보존되어 있답니다. 그가 발견되기 전까지 고고학자들은 청동기 시대의 유물에 대해 아는 바가 많지 않았어요. 석기와 도자기 조각, 유골 몇 개가 전부였지요. 그러니 외치는 그 시대 사람들이 어떻게 살았는지 알 수 있는 단서를 많이 준 셈이에요. 외치는 지금도 계속 연구 중이에요. 그는 우리에게 많은 것을 알려 주고 있답니다.

16장

해골의 열쇠

발견

2012년, 영국의 중부에 있는 레스터라는 도시에서 일어난 일이에요. 영화 제작자 필리파 랭글리는 새로운 프로젝트를 연구하러 이곳에 왔지요. 필리파는 리처드 3세의 일생을 주제로 영화 대본을 쓰고 있어요. 리처드 3세는 중세 영국에 살았는데, 1485년 보즈워스 전투에서 전사하고 말았어요. 그리고 그는 영국 역사상 최악의 폭군이라는 기록으로 남아 있어요. 그가 저지른 사악한 행위 중 으뜸을 꼽자면, 어린아이를 두 명이나 살해한 의혹이 있다는 거예요. 그것도 영국 왕좌를 이을 적통 후계자들을요. 그리고 스스로 왕위를 차지했지요.

 필리파는 지금껏 전해져 내려오는 리처드 왕의 이야기를 바꾸고 싶어 해요. 필리파는 리처드 3세 협회라 부르는 단체의 스코틀랜드 지부 총무거든요. 협회는 전 세계 여기저기에 지부가 있어요. 이 단체는 회원들 스스로를 '리카디언'이라 부르기도 하는데, 리처드 3세가 사악한 왕이 아니었다고 믿어요. 역사적으로 부당한 평가를 받았다고 생각하지요.

필리파가 레스터에 온 이유는 리처드 3세의 시신을 찾기 위해서예요. 중세에 쓰인 문서에는 리처드 3세가 전투에서 사망한 후, 그의 시신은 말 위에 휙 던져져 레스터에서 약 25킬로미터 떨어진 곳으로 옮겨졌다고 나와 있거든요. 그리고 그레이프라이어스 교회에 매장되었다고 해요. 하지만 교회는 16세기에 무너지고 말았어요. 그래서 교회의 위치가 정확히 어디였는지 아무도 모른다는 자그마한 문제가 있지요. 상당히 많은 고고학자들이 그 흔적을 찾는 데 관심을 보여요. 필리파는 한 단계 더 나아가기로 마음먹어요. 만약 교회의 위치가 어디였는지 알 수 있다면, 여기 북적이는 거리 밑에 아마도 리처드 3세의 유해를 찾을 수 있을 거예요.

필리파는 1741년에 제작된 지도도 찾아내요. 리처드 3세가 세상을 떠난 지 약 300년 후에 만든 것이었지요. 지도에는 한때 오래된 교회로 추정되는 곳에 저택을 지었다고 나와 있어요. 그리고 저택에는 넓고 격식을 갖춘 정원이 있었고요. 저택과 정원 모두 지금은 없어졌지만, 예전에 정원이었던 바로 그곳에 주차장이 있어요.

필리파는 주차장으로 걸어갑니다. 그러자 무언가 이상한 일이 일어나요. 갑자기 어떤 강력한 예감이 드는 거예요. 자신이 리처드 3세의 무덤 위에 서 있는 게 분명해요.

필리파는 마케팅 능력이 매우 뛰어나답니다. 리카디언 단체에 리처드가 이곳에 묻혀 있을 것 같다는, 아니 묻혀 있는 것이 확실하다는 입소문을 퍼뜨려요. 필리파는 이 프로젝트를 '리처드 찾기'라 부르기로 해요. 돈이 쏟아집니다. 놀라울 정도로 단시간에 필리파는 주차장을 발굴할 자금을 모아요. 혹시 궁금해할까 봐 덧붙이는데, 고고학계에서는 일반적으로 이렇게 발굴하지는 않아요.

발굴 조사는 근처 레스터 대학의 리처드 버클리 교수가 이끕니다. 그는 이 발굴이 쉬이 납득이 가지는 않아요. 리처드 3세 유해의 위치를 찾는 필리파의 전략이 영 과학적으로 보이지 않거든요. 왕의 무덤을 찾을 거라 생각하지도 않고요. 사실, 그는 무덤을 찾을 가능성을 "심각하게 고려하지 않음"이라고 평가해요. 그래도 교수는 오랫동안 자리를 지켜 왔던 그레이프라이어스 교회가 어디에 있는지 찾고 싶어요. 그리고 교회의 흔적이 필리파가 말한 주차장 근처에 있을지도 모른다는 독자적인 증거를 가지고 있지요. 필리파가 모금한 지원금 덕분에, 팀을 모집할 돈이 충분히 모였어요. 그리고 2012년 8월 '리처드 찾기' 팀은 발굴을 시작합니다.

발굴 첫날, 건축업자들은 작은 굴삭기로 조심스럽게 포장도로의 맨

위층을 제거해요. 그리고 길고 얕은 도랑 두 개를 만듭니다. 이제 고고학자들이 땅을 파기 시작해요.

두 번째 날 아침 여덟 시, 고고학자들은 도랑 중 하나에서 인간의 유골 몇 개를 발견해요.

도랑을 파는 일이 중단됩니다. 인간의 유해를 전문적으로 발굴하는 고인류학자들이 일을 넘겨받아요. 이들은 뼈를 오염시키지 않도록 흰색 긴소매 점프 슈트(상하의가 하나로 이어진 옷)를 입고 장갑을 껴요. 그리고 유골을 발굴하는 데 공을 들이지요. 그동안 다른 도랑에서 발굴 작업이 시작되어요.

리처드 3세의 모습을 가장 정확하게 그렸다고 평가받는 초상화 중 하나예요.

발굴이 시작되고 거의 동시에 고고학자들은 오래된 건물의 흔적을 발견해요. 바로 그 교회일까요?

혹시 궁금할 수도 있으니 알려 줄게요. 이렇게 연달아 빠르게 유적을 발견하는 일은, 음, 고고학계에서는 정말이지 드물어요.

위험한 시대

도대체 왜 리처드 3세 협회라 부르는 단체가 있을까요? 중세의 별로 유명하지도 않은 지도자가, 더군다나 통치 기간도 겨우 2년 남짓인데, 부당한 평판을 받았는지 어쨌는지 누가 관심이 있다고요?

바로 이 지점에서 **윌리엄 셰익스피어**의 이야기가 들어간답니다.

진짜 리처드 3세가 보즈워스 전투에서 사망하고 약 100년 후, 셰익스피어는 리처드를 소재로 희곡을 하나 썼어요. 셰익스피어의 연극 〈리처드 3세〉는 어느 정도는 사실에 기반을 두고 있어요. 리처드는 플랜태저넷 왕조의 마지막 군주였지요. 그의 뒤를 이은 헨리 7세는 튜더 왕조 시대를 열었어요. 그래서 셰익스피어는 튜더 왕조를 위해 글을 썼고요. 그래서 리카디언들은 셰익스피어가 자신의 고용주인 튜더 왕조의 마음에 들기 위해 플랜태저넷 왕조의 리처드 왕을 악당으로 그려야 하는 압박에 시달렸다고 믿어요. 셰익스피어의 희곡에서 리처드 왕은 형인 에드워드 왕이 세상을 떠나자 에드워드의 두 아들을 죽이라는 명령을 내려요. 두 아들이 왕위를 이어받을 후계자이자 리처드의 조카였는데도 말이에요.

> **윌리엄 셰익스피어**
> 〈로미오와 줄리엣〉, 〈햄릿〉 등의 작품을 써서, 아마 전 세계에서 가장 유명한 영국의 극작가일 거예요.

이 일이 정말로 일어났을까요? 실제로 리처드의 형인 에드워드 4세는 갑자기 세상을 떠나요. 그리고 리처드 3세는 두 어린 왕자들의 섭정으로 지명되었지요. 다시 말해 당시 열두 살이었던 조카 에드워드 5세 또는 그의 동생 아홉 살 리처드가 왕위에 오를 나이가 될 때까지 대신 나라를 다스리게 되었다는 뜻이에요.

여기에서 모호한 점은, 셰익스피어와 튜더 왕가는 리처드가 두 어린 왕자들의 죽음을 명령했다고 여기는 거예요. 리카디언들은 리처드 3세가 왕자들이 사라진 일과 아무런 관계가 없다고 생각하고요. 흠.

셰익스피어의 희곡에서 리처드 3세는 왕위를 차지하기 위해 살인을 서슴지 않는 비열한 폭군으로 묘사되어요.

리처드는 어떤 왕이었을까

실제로 리처드 플랜태저넷은 1452년 영국 동부에 있는 파서링게이 성에서 태어났어요. 요크 왕가의 열세 자녀 중 열두 번째였지요. 그는 넷째 아들로 성장했기 때문에 왕위에 오를 가능성이 거의 없다고 여겨졌어요. 그의 어린 시절은 행복과는 거리가 멀었어요. 할아버지는 참수당했고요, 아버지와 형 하나는 리처드가 여덟 살 때 전투에서 목숨을 잃었어요. 그 후에 왕이 된 형은 다른 형제들을 반역죄로 처형하고 말았어요.

리처드는 신체적으로도 문제가 좀 있었어요. 문제가 얼마나 심각했는지는 여러분이 리카디언 또는 튜더 왕조를 지지하는 사람들의 말을 얼마나 믿느냐에 달렸어요. 셰익스피어는 리처드 3세를 "역겨운 기형 덩어리"로 묘사했는데, 좀 더 친절하게 풀어 설명하자면 등이 굽은 사람이라는 뜻이었어요. 여기에 팔도 시원찮다고 덧붙였지요. 튜더 왕조가 일부러 이렇게 선전했던 것일까요? 잘못된 생각이기는 하지만, 셰익스피어가 살았던 시대에는 몸이 기형이면 마음도 비뚤어졌다고 믿고는 했어요. 리카디언들은 리처드 3세의 등이 굽었다는 말을 전혀 믿지 않아요.

악랄한 행위라고?

리처드는 몇 가지 충격적인 일을 저질렀어요. 그는 자신의 손으로 죽인 남자의 부인과 결혼했지요. 그는 형 조지가 반역죄로 잡혔을 때 처형을 승인

했어요. 그러고 나서 그의 형 에드워드 4세가 예기치 않게 세상을 떠나자, 리처드는 에드워드의 결혼이 무효이며, 이에 따라 에드워드의 아들이자 리처드의 조카들에게는 왕이 될 권리가 없다고 선언했지요. 그 후 조카들은 종적을 감추었어요.

기괴하다고요? 아니면 그저 정말 가차 없이 무자비하다고요?

이것이 중세 왕가의 일반적인 사기 행위이며 유별나게 사악하다고 말할 수 있지만, 역사가들은 이러한 관점에 동의하지 않아요.

한 화가가 런던탑에 있는 왕자들의 모습을 그린 그림이에요. 삼촌의 보호를 받다가 사라진 왕자들이죠.

리처드 찾기 팀은 리처드 3세가 얼마나 좋은 일을 했는지 일일이 콕 집어 말해요. 이를 테면 그는 세금을 깎아 주고 교회를 지원했는가 하면, 더 좋은 날이 올 거라 약속했다고 해요. 괜찮은 남편이었고, 그의 형인 에드워드 4세가 살아 있을 때 퍽 충성스러웠답니다. 그리고 그 대가로 북부 지역을 통치할 권한을 넘겨받았어요. 왕위를 거머쥐거나 친척들이 사라지는 사건 등에 대해서는, 그가 경쟁 세계

미늘창은 중세 시대의 끔찍한 무기예요. 길이가 2미터나 되고 창 끝에 도끼가 달려 있지요.

에서 살아남기 위해 어쩔 수 없이 했던 행동이라 주장할 수 있어요.

　오늘날에도 계속되고 있는 이 논쟁에서 어느 편에 서든, 리처드의 시대에는 그가 왕좌를 차지하는 방식에 찬성하지 않는 사람들이 많았어요. 그중 일부는 프랑스로 도망쳤고, 그곳에서 그들은 헨리 튜더야말로 왕위를 이을 적통이라고 생각했지요.

　헨리 튜더가 1485년 군대를 이끌고 영국을 쳐들어왔을 때 리처드는 왕위에 오른 지 고작 2년 밖에 되지 않았어요. 두 세력은 레스터에서 남동쪽으로 약 24킬로미터 떨어진 곳에서 만나 보즈워스 전투에서 맞붙었지요. 전투는 전형적인 중세 방식으로, 말을 탄 기사가 칼을 휘두르고, 창을 마구 던지고, 단도와 미늘창으로 찌르며 싸웠어요. 이 과정에서 리처드는 목숨을 잃고 말았지요. 헨리 튜더는 새로운 왕, 헨리 7세가 되었어요.

　헨리 7세는 피를 철철 흘리는 리처드의 시신을 이틀 동안 본보기로 두라고 명령했어요.

1485년 보즈워스 전투를 묘사한 19세기의 그림이에요. 장차 헨리 7세가 되는 리치몬드 경이 리처드 3세를 죽이려 하고 있어요. 왕이 이런 식으로 죽었을 가능성은 매우 낮아요.

"모든 사람들이 그를 볼 수 있도록 만천하에 공개하라."

그렇게 해서 모든 이들이 그가 정말로 죽었다는 것을 확인할 수 있도록 했지요.

하지만 그 다음에는? 어떤 이들은 성난 군중이 시신을 강 근처에 던졌고 시신은 영원히 사라져 버렸다고 주장해요.

왕의 귀환

필리파의 팀이 유골을 발굴한 즉시, 고고학자들은 이 '1번 유골'이 성인 남성의 뼈라는 것을 분명히 알 수 있었어요. 그리고 유골의 척추는 휘어 있었지요. 게다가 전투 중에 심각한 부상을 입었다는 증거도 있었어요. 이 유골이 정말 리처드 3세의 유해일까요?

왕을 발굴하는 모습

레스터 대학의 과학자들이 주도하여 2014년 12월에 발간한 논문에서는 방사성 탄소 연대 측정법과 유전자 검사, 뼈 분석 등을 통해 유골이 리처드 3세일 확률이 매우 높다고 확인했어요. 또한 유골의 척추가 휘기는 했지만, 셰익스피어가 묘사했던 것처럼 척추가 아주 심하게 휘지는 않았다고 결론을 내렸지요. 하지만 리처드의 유골에서는 척추 측만증이 확연히 보였어요. 이 때문에 척추가 한쪽으로 휘다 보니, 한쪽 어깨가 다른 쪽 어깨보다 더 높이 올라가게 되었지요.

신원을 확인하는 방법

레스터 대학의 유전학과 교수인 튜리 킹 박사와, 같은 대학의 고고학 및 고대사 교수인 조 애플비 박사가 1번 유골의 발굴과 분석을 주도했어요. 박사들은 1번 유골의 치아와 뼈에서 추출한 오래된 유전자를 리처드의 살아 있는 후손 중 두 세대 떨어진 열네 번째 사촌지간 두 명과 비교했어요. 이들은 유전자 검사를 받는 데 동의했지요. 킹 박사는 유전자 샘플이 정확히 일치한다는 사실을 알아냈어요. 뼈는 리처드 3세의 것이 맞았답니다.

치아와 뼈, 갈비뼈 등에서 나온 화학 물질을 분석한 결과, 과학자들은 리처드 3세가 풍족한 식생활을 했다는 사실을 알게 되었어요. 중세에 고기와 생선류를 많이 먹었다는 뜻이지요. 그는 백조와 왜가리, 두루미 등 고급 식재료를 많이 먹었어요. 몸매도 호리호리했는데, 등이 굽지 않았다면 키가 170센티미터는 족히 넘었을 거예요. 아마 금발 머리에 파란 눈을 하고 있었겠지요.

전투에서 그는 최소 열한 군데에 부상을 입었어요. 머리에는 끔찍하게 베인 상처가 두 군데 있는데, 그중 하나가 목숨을 잃은 원인이었을 거예요. 두개골 밑부분에는 커다란 상처도 있었어요. 아마 미늘창에 찔려서 생긴 상처일 거예요. 다른 상처는 머리 위에 있었는데, 단검이나 칼에 맞아서 생겼을 가능성이 있어요. 어떤 상처도 회복되었다는 징후가 보이지 않았기 때문에, 아마 리처드가 죽었을 때 아니면 죽은 직후에 생겼을 거예요.

전 세계 소식통은 "주차장에서 왕을 발굴"했다며 대서특필했어요.

현재로 돌아와서

뼈가 리처드 3세의 유해라는 사실이 밝혀지자, 이제 리처드의 유해를 어디에 다시 묻을지를 놓고 보즈워스 전투 수준으로 격렬하게 다툼이 벌어졌어요. 플랜태저넷 연합이라 불리는 단체에서는 이 '사악한' 군주의 재매장에 반대하는 서명을 3만 개나 모았어요. 놀랍게도 요크 가문의 후손들은 그가 요크에 묻히기를 바랐지요. 하지만 여기에 고등 법원이 개입하였고, 마침내 리처드의 유골은 2015년 3월 레스터 대성당에 매장되게 되었어요. 장례식은 왕의 지위에 걸맞게 성대하게 치러졌지요. 리처드 3세의 진짜 인성에 대한 논쟁은 여전히 현재 진행형이랍니다.

17장

비밀의 방

발견

2013년 9월 13일. 남아프리카공화국 요하네스버그에서 막 벗어난 곳이에요. 릭 헌터와 스티븐 터커라는 두 친구가 동굴을 탐험하고 있어요. 이곳은 '인류의 요람'이라 불리던 곳이에요. 20세기 초중반에 이곳 동굴 여기저기에서 고대 인류의 중요한 화석이 여러 개 발견되었거든요. 그 이후로 고인류학자들은 이곳을 샅샅이 탐색했어요. 고인류학자들은 찾아낼 수 있는 화석을 모두 찾았다고 생각하고, 아프리카 다른 지역으로 이동했어요. 하지만 릭과 스티븐에게는 페드로 보쇼프라는 지리학자 친구가 있어요. 페드로는 리 버거라는 고인류학자 밑에서 일하고 있고요. 리는 페드로에게 그의 동굴 친구들이 동굴 탐험을 갈 때마다 초기 인류의 화석이 있는지 찾아봐 달라고 부탁했어요. 어떻게 될지 모르니까요, 안 그래요?

릭과 스티븐은 취미로 동굴 탐험에 나서요. 둘 다 직업은 따로 있지요. 릭은 공사장 인부이고 스티븐은 회계사예요. 둘 다 호리호리하지만 야무진 성격이에요.

   두 사람은 '라이징 스타(Rising star, 떠오르는 별이라는 뜻)'라는 이름으로 유명한 동굴 속으로 들어가요. 스티븐은 릭에게 '용의 등줄기'라는 아주 멋진 등산 구역을 보여 주고 싶어요. 정상까지 오르는 데에는 약 15분 정도 걸리는데, 등산하는 과정이 무척 어려워요. 우선, 동굴 탐험가들이 '몸을 쥐어짜서 간신히 들어간다'고 일컫는 곳으로 들어가요. 암벽 두 개가 엄청나게 좁은 공간을 두고 마주하고 있는 터라, 릭과 스티븐처럼 마른 사람들도 옆으로 조금씩 움직여야 갈 수 있어요. 그러고 나서 두 사람은 좁은 통로에 몸을 엎드려서 배를 깔고 정강이로 가야 해요. 너무 좁아서 한쪽 팔은 옆에 딱 붙여서 움츠리고, 다른 팔은 앞으로 쭉 뻗으며 나아가야 하지요. 그 모습이 마치 하늘을 날아가는 슈퍼맨 같아요. 이렇게 가는 것이 누가 재미있냐고 하겠지만, 스티븐과 릭은 동굴 탐험가니까요.

   두 사람은 용의 등줄기에 다다라요. 3층 건물 높이로 들쭉날쭉 암석 투성이 산등성이지요. 두 사람은 워낙 동굴 탐험 경험이 많았고 그날 몸 상태도 아주 좋기 때문에, 뾰족하고 가파른 암석을 재빠르게 올라가요.

맨 꼭대기에 올라가 보니 빈틈이 있네요. 두 사람은 풀쩍 뛰어 툭 튀어나온 바위로 올라가요.

릭은 아름다운 암석의 모습을 동영상으로 담고 싶어요. 스티브는 발 밑 열린 공간을 힐끔 쳐다보아요. 그는 릭의 카메라에 나오지 않으려 몸을 아래로 숙입니다.

그런데 자신이 아무 것도 밟지 않고 있다는 사실을 깨달았어요. 그의 아래에는 빈 공간이 있어요. 길고 쭉 뻗은 수직 통로이지요.

이게 바로 동굴 탐험가들이 보통 사람들과 다른 점이에요. 분별 있는 사람이라면 아래로 쭉 뻗은 좁은 통로에서 바로 몸을 뒤로 빼겠지요. 새까만 어둠 속이 얼마나 깊은지 잘 알 테니까요. 하지만 스티븐은 동굴 탐험가예요. 그는 아래를 조사해 보기로 마음먹지요. 그리고 릭도 그 뒤를 따릅니다. 두 사람은 조금씩 통로를 따라 내려가요. 어느 지점에서 통로는 엄청 좁아져요. 폭이 연필 하나 길이와 다를 바 없지요. 스티븐과 릭처럼 마른 사람도 숨을 겨우 쉴 만큼 너무 좁아요. 좁은 통로는 12미터 아래까지 이어져요. 전봇대 하나 정도 길이예요. 공간 밑바닥까지는 짧은 급경사가 있어요.

공간 속은 칠흑 같이 어두워요. 하지만 안전모에 달린 전등 덕분에 바닥에 흩어진 하얀 조각들이 보였답니다. 하얀 것들은 뼈예요. 뼈가 아주 많아요. 스티븐과 릭은 고고학을 제대로 배운 적은 없지만, 여기

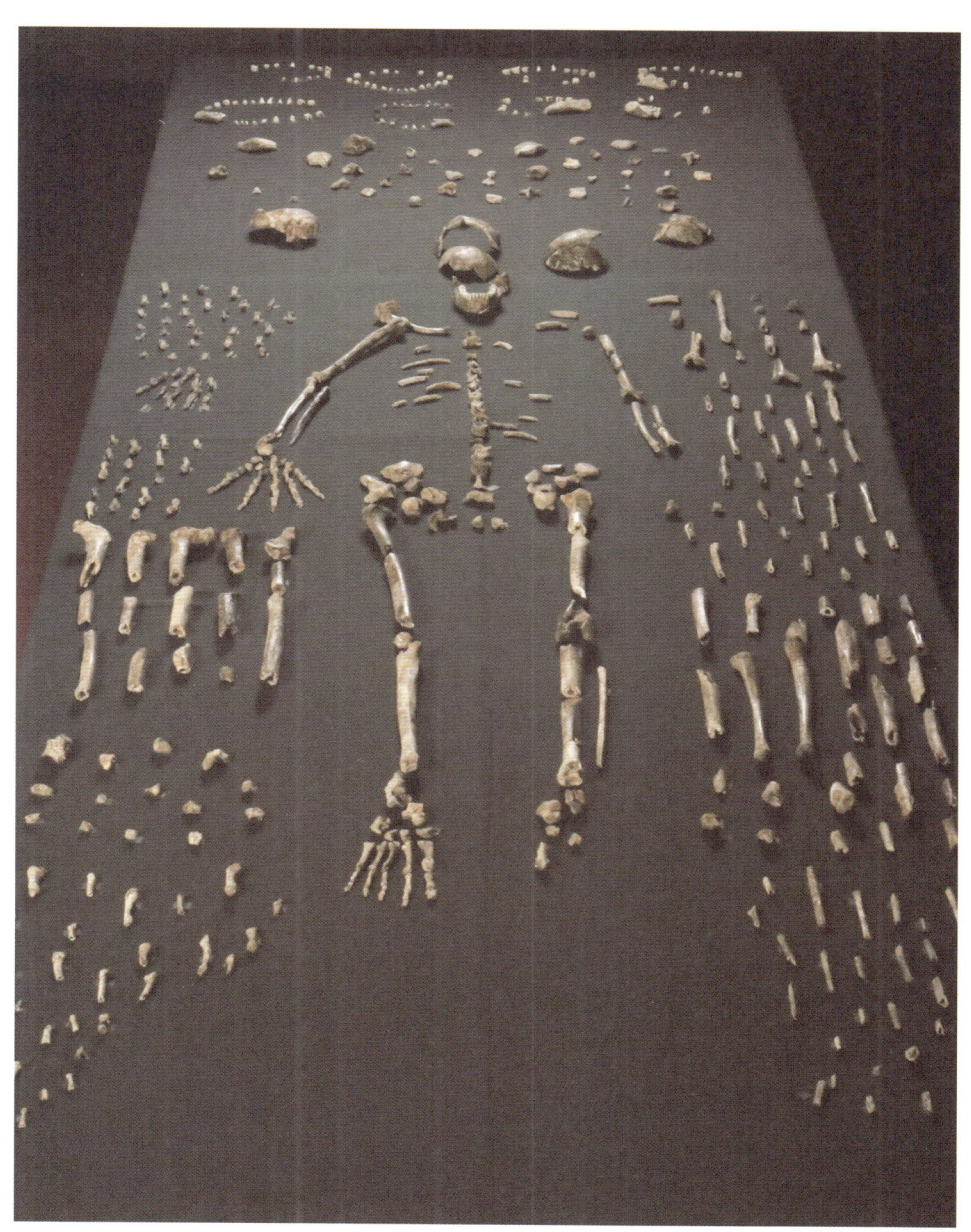

동굴 안에 발견된 뼈의 일부예요. 분류하고 다시 맞추었어요.

있는 뼈들이 인간의 것일 수도 있다는 생각이 들어요. 두 사람은 아무것도 만지지 않았고, 대신 영상을 많이 찍습니다.

그날 저녁 리 버거 박사는 누군가 현관을 두드리는 소리를 들어요. 금요일 밤 9시 30분, 고인류학자가 방문객을 맞이할 시간은 아니지요. 리가 문을 열자, 릭과 스티븐, 그리고 이들의 친구 페드로가 현관에 있어요. 모두들 잔뜩 흥분한 표정으로요.

"교수님, 이거 얼른 보고 싶으실 거예요."

페드로가 말해요.

여기에서 알아 두면 좋은 용어들

'호미니드(hominid)'는 유인원과 인간을 포함하여 영장류 가족 모두를 일컫는 말이에요. '호미닌(hominin)'은 유인원이나 다른 영장류보다 현대 인간과 공통점이 더 많은 인간, 그리고 인간과 비슷한 종족을 가리키는 말이랍니다.

작은 과학자들의 큰일

리는 스티븐과 릭이 동굴에서 찍어 온 사진을 바라보았어요. 그는 동굴의 뼈가 인류의 것이 거의 확실하다고 믿었습니다. 고고학계에서 고인류학자들은 인류의 흔적을 찾아 수십 년을 보내요. 그리고 뼛조각 하나라도 찾으면 평생 일한 것이 아깝지 않다 할 만큼 행운이라 여기지요. 초기 인류의 화석은 너무나 귀해서, 지금까지 발견된 것만 해도 도시락 가방에 샌드위치를 넣고도 남은 자리에 충분히 넣을 수 있을 정도예요. 그래서 사진을 본 리 박사의 눈이 휘둥그레졌지요. 사진에는 뼈가 수백 개나 찍혀 있었어요.

리 박사는 얼른 행동에 나서야겠다는 생각이 들었어요. 이렇게 놀라운 발견은 계속 비밀로 남기 힘들어요. 그리고 호기심 많은 사람들이 몰려들 수 있기 때문에 동굴을 보호해야 했지요. 고도로 훈련받은 고고학자들이 신중하게 지도를 보고, 뼈를 발굴해서 연구용으로 가지고 와야 해요. 하지만 리 박사는 덩치가 컸어요. 슈퍼맨처럼 몸을 구기고 쥐어짜서 앉은 자세로 걷고 용의 등줄기를 올라갈 재간이 없었어요. 몸을 꿈틀거려 뼈가 있는 공간으로 내려가는 것은 당연히 엄두도 내지 못했지요. 아마 코르크 마개처럼 중간에 끼어 버릴 거예요. 그리고 그의 선임 과학자 동료들도 대부분 마찬가지였어요. 동료 과학자 중에 30분이나 걸리는 그 험난한 여정 끝에 비밀의 방에 갈 정도로 날씬하고 운동 신경이 좋은 사람은 없었어요.

그는 몸집이 작고 날렵한 과학자가 필요했어요. 그리고 속도도 빨라야 했지요. 그래서 소셜미디어로 눈을 돌렸어요.

특이한 '구인 광고'가 리 박사의 페이스북에 올라갔어요. 그는 경험이 많은 고고학자와 고인류학자를 찾았지요. "박사 학위자와 선임 연구원 환영." 당장 진행해야 할 비밀 프로젝트를 위해서 말이에요. 광고에서는 구인 조건을 다음과 같이 썼어요.

"반드시 날씬해야 함. 작은 체구 선호. **폐소 공포증**이 없어야 함. 운동 신경이 좋고, 동굴을 탐험한 경험이 있어야 함. 클라이밍 경험이 있으면 가산점이 붙음."

여기에 광고는 다음과 같은 말도 덧붙였어요.

"보수를 많이 줄 수 있을 것 같지는 않음."

그러니까 광고에 나온 말을 풀어 쓰자면 다음과 같아요.

우리는 17센티미터 공간에 꼭 맞는 고학력 과학자를 원합니다. 또한 최소 한 달 이상은 알려지지 않은 지역을 여행하며 위험하고 비밀스러운 어떤 일을 하므로 하던 일을 모두 내려놓아야 합니다. 이 일을 하는 데 보수는 없습니다.

많은 사람들이 자신의 소셜미디어 계정에 광고를 공유했어요. 지원서가 속속 들어왔습니다.

> **폐소 공포증**
> 좁거나 닫힌 공간을 무서워하는 증상을 말해요.

이 일에 안성맞춤

5주 뒤 리 박사는 과학자 여섯 명으로 팀을 만들었어요. 자격을 갖춘 지원자들과 수십 번 면접을 보았지요. 어쩌다 보니 과학자 여섯 명 모두 젊은 여성들이었어요. 그중에 몇몇은 동굴을 탐험한 경험도 많았지요. 어떤 이들은 아직 대학원에 다니고 있었어요. 모두들 조금씩 다른 분야에서 전문가였지요. 그들 모두 이 일을 하게 되어 무척 신이 났어요. 리 박사는 과학자들에게 '지하 우주 비행사'라는 별명을 붙여 주었어요. 과학자 중에 한 명으로, 키 157센티미터의 앨리아 거토프는 면접을 준비하며 의자 두 개 등받이를 17센티미터 간격으로 마주보게 했어요. 그리고 "그 안에 들어갈 수 있는지 시범을" 보여 주었지요. 앨리아는 그 사이를 통과했답니다.

3주 후, 고인류학자와 지리학자, 그리고 지하 우주 비행사 여섯 명을 비롯한 여러 과학자들이 남아프리카공화국에 도착하여 동굴 밖 입구에 캠프를 차렸어요. 과학자들은 지상에 본부를 세우고, 리 박사와 동료들은 그곳에서 표본을 받을 준비를 했지요. 과학자들은 동굴을 발굴할 준비를 했어요. 스티븐과 릭, 그리고 아마추어 동굴 탐험가들은 공간 안으로 들어가는 길 내내 전선과 카메라, 조명, 도르래, 그리고 동굴의 공기질 측정 도구를 설치하는 일을 도와주었어요. 본부에서는 폐쇄 회로 텔레비전(CCTV)을 통해, 가는 길 곳곳마다 화면으로 볼 수 있을 터였어요. 지하 우주 비행사들은 안전 교육을 철저하게 받았지요.

마침내 시간이 되었어요. 발굴자들은 세 명씩 팀을 이루어 두 시간씩 **교대로 일했어요**. 매리너 엘리엇, 베카 픽소토, 해나 모리스가 먼저 동굴 안으로 들어갔어요.

공간 안은 조용하고 아름다웠어요.

"한번 들어가면 나오고 싶지 않을 거예요."

앨리아는 이렇게 말했지요. 공간에는 뼈가 여기저기에 퍼져 있었어요. 3주가 넘도록 과학자들은 화석의 위치를 표시하고, 조심스럽게 들어서 가방에 넣고는 동굴 밖으로 가지고 나왔어요. 리 박사와 다른 전문가들은 표본이 나오는 대로 하나씩 받을 준비를 하고 있었고요. 가장 흥미진진한 발굴은 두개골이었어요.

> 현장에서 일하다가 화장실이 가고 싶을 때 어떻게 하는지 궁금하겠지요? 궁금한 게 당연한 거예요. 과학자들은 플라스틱 용기를 가져가서, 폐쇄 회로 카메라가 보이지 않는 곳에서 볼일을 봤답니다.

베카 픽소토와 매리너 엘리엇. 동굴 속에 들어간 첫 번째 과학자들이에요.

동굴 입구에 본부가 차려졌어요.

모두들 궁금증을 감추지 못했어요. 화석이 인류의 것일까? 초기 인류의 새로운 종일까? 뼈의 나이는 얼마나 되었을까? 그리고 어쩌다 동굴에 들어가게 되었을까? 이러한 질문에 대답하려면 시간이 퍽 걸릴 터였어요.

퍼즐 맞추기

뼈는 요하네스버그 대학으로 이송되었어요. 그곳에서 리 박사는 다른 전문가 그룹과 모여 뼈를 연구하고 감정했어요. 과학자들은 자신의 전문 분야에 속한 신체 부위에 따라 나뉘었어요. 한 그룹은 두개골을, 다른 그룹은 손을, 또 다른 그룹은 치아와 척추, 엉덩이 또는 발을 살펴보았어요.

공들여 뼈를 평가하고 여럿이 함께 노력을 한 끝에, 과학자들은 결과를 일반에 공개했어요. 뼈는 이전에 알려지지 않은 초기 인류의 것이라는 사실이 밝혀졌지요. 리 버거 박사는 이 초기 인류의 이름을 호모 **날레디**라 지었어요. 최소 열다섯 개체의 1,550개 표본이 지금은 '디날레디'라 알려진 동굴 속에서 나왔어요. 아프리카에서 발견한 초기 인간 표본 중 가장 규모가 크답니다.

> **날레디**
> 남아프리카공화국의 소토어로 '별'이라는 뜻이에요.

전문가들은 발굴한 뼈를 이리저리 맞추어 본 후, 호모 날레디의 실제 모습을 그려 보았어요. 호모 날레디는 특이한 얼굴에 인간의 특성과 인간 같지 않은 특성이 뒤섞인 모습으로 나타났어요. 남성은 키가 약 150센티미터에 몸무게가 45킬로그램 정도였지요. 여성은 조금 더 작고 가벼웠어요.

호모 날레디는 작은 머리에 턱이 툭 튀어나와 마치 원숭이 같은 얼굴을 했어요. 상체는 원숭이와 퍽 비슷해서 나무 위를 기어오르고 나무 사이를 건널 수 있는 형태였어요. 하지만 하체는 인간과 비슷했어요. 엉덩이와 다리는 걷기에 알맞았고, 발도 우리와 많이 비슷했어요. 아마도 여러분과 비슷하게 걷고 뛰었을 거예요.

이제 다음 충격적인 소식은 과학자들이 뼈의 연대를 알아냈을 때 일어났어요. 2017년이었지요. 뼈는 사람들의 예상보다 훨씬 최근 것이라는 사실이 밝혀졌어요. 23만 6천 년 전에서 33만 5천 년 전 사이였지요. 즉 호모 날레디는 우리 인류와 같은 종이자 지금까지도 살고 있는 호모 사피엔스와 이 지구 위에서 함께 살았다는 말이었어요.

화가가 재현한 호모 날레디의 머리

남겨진 질문

또 다른 중요 질문. 뼈가 어쩌다가 그 깊숙한 곳에 들어갔을까? 포식자가 죽은 이의 시신을 끌고 들어갔을까? 아니면 홍수가 나서 시신이 동굴 안까지 쓸려 들어갔나? 흙의 표본을 채취하고 뼈를 발굴한 지역에 가서 여러 가지 과학 실험을 한 결과, 과학자들은 위의 두 가능성은 높지 않다는 결론을 내렸어요. 동굴에 들어갈 수 있는 다른 방법이 또 있는 걸까요? 어떤 해답도 얻을 수 없었어요.

말도 안 되는 가설에까지 이어졌어요. 호모 날레디가 시신을 수직 통로 아래에 버렸다는 것. 죽은 이들을 묻는 의식은 보통 뇌가 더 큰 현대의 인간들과 관련된, 수준 높은 행동 양식이에요. 동굴로 가는 길은 시신을 나르기에는 너무나 길었고, 쉽지도 않았어요. 사망한 친인척을 **슈퍼맨 자세**로 끌고 가서 용의 등줄기 위에 올리는 모습을 상상할 수 있겠어요? 그렇게 하려면 계획도 꼼꼼히 세워야 하고 여러 사람들과 함께 힘을 합쳐야 해요.

> 동굴 탐험 대원들은 본부로 가기 전, 몇 번이고 슈퍼맨 자세로 누워 몸을 구겨 넣은 상태에서 안전 장비를 벗어야 했어요.

여기에 또 지적할 것이 있어요. 동굴 깊숙한 곳은 아무것도 보이지 않을 정도로 깜깜했을 거예요. 시신을 그곳에 일부러 가져다 놓는다면, 호모 날레디처럼 뇌가 작은 유인원이 어떻게 불을 피우는 법을 알았을까요? 대답을 기다리는 질문이 너무나도 많이 남아 있어요.

현재로 돌아와서

2017년 릭과 스티븐은 같은 동굴에서 또 다른 공간을 발견했어요. 지금

이곳은 레세디 방이라 불리고 있으며, 이곳에도 호모 날레디 화석이 상당히 많이 남아 있답니다. 두 곳 모두 발굴해야 할 화석이 여전히 많아요. 라이징 스타 동굴에서 발견한 유적은 인류의 진화에 대해 우리가 알고 있던 생각을 뒤바꾸었지요. 그리고 또 다시 새로운 질문들을 내놓았어요.

18장

아마도 설마?

앞으로 이루어질 발견

이제 여기 마지막 장에서는, 앞으로 나올지 모를 발견에 대해 이야기할 거예요. 이번에는 현대와 미래로 갑니다. 장소는 몽골의 어딘가예요.

여기에서는 칭기즈 **칸**이라는 지도자가 800년 전에 묻힌 곳을 찾아낼 수 있을지에 대해 이야기합니다. 칭기즈 칸의 무덤은 고고학 역사에서 아직 해결하지 못한 가장 큰 수수께끼 중 하나랍니다.

칭기즈 칸은 13세기 몽골의 지배자였어요. 하급 족장의 아들로 난데없이 등장한 그는 겨우 20년 만에 중앙아시아의 유목민 부족 거의 대부분을 통일했어요. 그리고 여기에서 멈추지 않고 세계에서 전례 없이 가장 커다란 제국을 다스렸지요. 몽골 제국은 동유럽에서 중국까지 세력을 떨쳤어요.

> **칸**
> 몽골어로 우두머리라는 뜻이에요.

그는 1227년에 세상을 떠났어요. 그가 어떻게 죽었는지는 비밀에 부쳐졌답니다. 그가 어디서 죽었는지도 몰라요. 어디에 매장되었을까? 아무도 알지 못하는 비밀이에요. 전설에 따르면, 거대한 장례식 행렬과 함께 움직이던 군사들이 우연히 비밀 매장지로 가는 행렬을 본 사람들을 모조리 죽여 버렸다고 해요. 그러고 나서 행렬에 참가했던 사람들을 죽이고 스스로 목숨을 끊었다고 하지요. 따라서 오늘날까지도 칭기즈 칸의 무덤이 어디에 있는지 모르는 거예요.

칭기즈 칸의 얼굴을 상상하며 그린 그림이에요. 그가 세상을 떠난 지 한참 뒤에 그려졌지요.

하지만 최신 기술 덕분에 오랫동안 찾지 못했던 칭기즈 칸의 무덤을 이제는 찾을 수 있을지도 모르겠어요.

하지만 우선 이것부터 알아보고요.

몽골인들은 누구였을까?

몽골인들은 듬성듬성 떨어져 살던 유목민 부족으로, 일생 대부분을 말을 타며 보냈어요. 그리고 계절에 따라 동물들을 방목하며 살았지요. 몽골인들은 스텝이라 불리는 지역에 살았어요. 큰 나무가 없는 거대한 초원인 스텝은 동유럽에서 러시아 남부를 거쳐 중앙아시아까지 쭉 뻗어 가는데, 중간에 커다란 산맥에 가로막혀 있어요. 몽골 사회에서는 말이 가장 중요했어요. 아이들은 걷기도 전에 말 타는 법을 배웠답니다. 남자아이는 안장을 다루는 기술에 따라 앞으로 어떤 일을 하고 살지 결정되기도 했어요. 말을 가장 잘 타는 사람은 기마 전령이나 상급 기병이 되었지요.

몽골의 여자아이들은 어릴 때부터 말을 타고 활을 쏘며 사냥하는 법을 배웠어요. 남자들이 군사 활동으로 자주 자리를 비우자, 여자아이들과 성인 여성들은 다 함께 사냥을 하여 식량을 구했고, 캠프를 지켰어요. 전투에 나가지 않는 날 몽골 남자들은 동물들을 돌보았지요. 열네 살에서 예순 살 사이의 남자들 모두 언제든지 군대에 불려 나갈 수 있었어요.

남자들은 정수리를 밀고 옆머리만 길게 길렀어요. 몽골 여성들은 대개 헐렁한 바지를 입었지요. 바지의 엉덩이 부분에 면을 덧대어 입는 것이 유행이었고, 양쪽 눈썹이 한 줄로 이어지도록 검게 칠하기도 했어요.

고달팠던 어린 시절

칭기즈 칸의 어렸을 적 이름은 테무친이었으며, 1162년 즈음에 태어났어요. 스텝에서 살기란 무척이나 힘들었고, 테무친의 삶은 특히 고달팠어요.

테무친의 어머니 호엘룬은 이제 막 결혼하려던 차에 경쟁 부족 출신의 어떤 남자에게 납치되었어요. 호엘룬은 하루아침에 자신을 납치한 남자의 아내가 되었지요. 그가 바로 테무친의 아버지였어요. 호엘룬의 새 남편에게는 아들이 두 명 이상 있었어요. 테무친이 태어난 이후 두 사람은 아이를 세 명 더 낳았어요.

테무친은 소심한 아이였고, 배다른 형에게 자주 괴롭힘을 당했어요. 그가 여덟 살이 되었을 때 아버지가 세상을 떠났습니다. 아버지는 독살당했을 수도 있고 아닐 수도 있어요. 단순히 병으로 죽었을 가능성도 있고요. 나머지 부족은 가족을 버렸어요. 테무친의 어머니는 이제 자신이 낳은 네 아이와 더불어 죽은 남편의 아이 둘까지 돌보아야 했지요. 가족들은 호엘룬의 피땀 어린 노력 덕분에 겨우 살아남았어요. 있는 힘껏 땅을 파서 뿌리와 풀을 뽑아 아이들에게 먹였고요, 이따금 쥐를 잡아서 먹기도 했어요.

어른이 된 테무친은 작은 씨족의 우두머리가 되었어요. 그는 열아홉 살에 결혼했고, 서서히 동지를 끌어들였지요. 처음에는 개개인이었다가, 나중에는 씨족 전체가 테무친의 주위로 몰려들었어요. 그는 자신에게 충성을 바치는 이들에게 보상을 해 주었고, 가문의 중요도보다는 재주에 따라 사람들을 승진시켜 명성을 드높였어요.

제국이 팽창하다

1206년 테무친에게 충성을 맹세한 부족과 씨족, 부족장의 수가 점점 더 늘어났어요. 이제 그는 몽골 제국 전체의 지도자로 올라섰지요. 테무친은 자신의 칭호를 칭기즈 칸으로 바꾸었어요. 칭기즈 칸은 '전 세계의 지배자'라는 뜻이랍니다.

그 후 10년 동안 몽골군은 전 세계 곳곳을 정복했어요. 도시 수십 개를 무너뜨리고 수백만 명의 사람들을 학살했지요. 그래요, 수백만 명이나요.

칭기즈 칸의 군사들은 가는 곳마다 공포감을 불어넣었어요. 그의 군대는 철저하게 훈련받은 무자비한 군사들로 이루어졌지요. 게다가 이들은 말을 타고 하루에 100킬로미터나 이동할 수 있을 정도로 뛰어난 기마술을 자랑했어요. 만약 지배자가 아무런 저항 없이 항복하고 몽골에 조공을 바치는 데 동의하면, 그의 왕국은 피해를 모면할 수 있었어요. 하지만 감히 저항한다면 학살당하고 말았지요. 입소문은 금세 주변 지역 전체로 퍼졌어요. 전달하고자 하는 말은 분명했어요. '항복하면 살아남을 것이다. 저항하

1837년 유럽에서 만든 지도. 가운데 파란선 안쪽이 칭기즈 칸 시기의 몽골 제국으로 보여요.

면 전멸당할 것이다.'

몽골인들은 가는 곳마다 새로운 전술을 익히고 적응해 나갔어요. 자신이 잡은 포로들로부터 전술을 배우기도 했지요. 생포한 중국 기술자와 숙련공에게서 포위 공격하는 법을 배웠어요. 이들을 '(죽을 것 같은 고통으로) 살살 달래서' 화약과 투석기, 폭발물 다루는 법을 전수받았어요. 칭기즈 칸은

몽골 군사들은 철저히 훈련받았고 규율이 엄격했으며 인정사정없었어요.

또한 회계 관리자와 필경사를 죽이지 않고 살려서 제국의 행정을 돕게 할 정도로 분별력도 있었어요. 많은 전문가들을 제국 곳곳에 강제로 배치하여 나라를 안정적으로 이끌어 나가는 데 도움이 되도록 했습니다.

안장 위에서 싸우다

몽골 전사들은 높은 수준으로 훈련을 받았으며, 부대를 엄격하게 조직했어요. 칭기즈 칸의 거대한 군대는 날쌘 말 위에 올라타 재빨리 이동할 수 있었는데, 예상치 못한 순간에 나타나 적을 놀라게 할 때가 많았어요.

상급 군사들은 두꺼운 가죽 재킷에 쇳조각을 꿰맨 갑옷을 입었어요. 그

몽골인들은 무엇을 먹었을까요

평화로운 시기에 몽골인들은 양고기와 소고기뿐만 아니라 여우와 늑대, 쥐 등 잡을 수 있는 동물은 무엇이든 먹었어요. 먼 거리를 빠르게 이동해야 하는 행군 중에는 전사들이 자신이 기르는 말의 목을 베어 피를 마시며 견뎌 냈지요. 기병과 전령 들은 안장 아래에 생고기를 말린 육포를 넣어 두었어요. 며칠이 지나고 육질이 부드러워진 고기는 생으로도 먹을 수 있었어요. 암말의 젖을 발효하여 술로 만들었는데, 몽골인들은 이것을 아주 많이 마셨답니다.

안에는 비단으로 만든 속옷을 입었지요. 화살이 가죽이나 쇠로 된 갑옷을 뚫고 들어가도, 그 안에 입은 비단이 화살촉을 감싸 주어 쉽게 빼낼 수 있었어요.

몽골 전사들은 전속력으로 어느 방향으로든 화살을 쏘는 것으로 유명했어요. 군사들은 모두 짧은 활과 다양한 길이의 화살을 가지고 다녔고, 여기에 칼과 도끼, 창, 단검도 함께 챙겼어요. 중기병은 철제 투구를 쓰고 갈고리가 달린 3미터짜리 기다란 창을 들고 다녔어요. 갈고리는 말안장 위에 있는 적을 걸어서 끌어 내릴 수 있었는데, 적군에게는 무시무시한 몽골군의 칼과 전투용 도끼를 피할 재간이 없었어요.

도시를 파괴하고 나서 몽골군들은 희생자들의 잘린 머리를 층층이 쌓아

페르시아 화가가 몽골과 중국 금나라 사이에 벌어진 전투를 그렸어요.

해골 탑으로 만들기도 했어요. 탑은 몽골 제국에 저항하는 어리석은 짓을 하면 이렇게 될 수 있다고 보여 주는 소름끼치는 경고였어요.

보기보다 잔인하지는 않은

몽골 전사들은 우레같이 모든 것을 망가뜨리고 무시무시한 대혼란을 몰고 왔어요. 이러한 상황을 목격한 사람들의 입장에서 칭기즈 칸은 무자비하고, 폭력적이며, 잔인하게 보였지요. 하지만 그를 따랐던 사람은 그가 현명하고 공평한 지배자였다고 생각해요.

칭기즈 칸은 재능을 중시했어요. 고위 관료 중에는 양치기와 목수, 대장장이 출신도 있었어요. 그는 글을 읽고 쓸 줄 아는 포로의 목숨은 살려 주었지요. 왜냐하면 그 자신이 문맹이었거든요. 그는 또한 종교에 대해서도 관대한 것으로 잘 알려졌어요. 몽골의 종교는 샤머니즘이라 불러요. 샤머니즘은 자연의 신을 숭배하면서 마법의 힘으로 선한 정령과 악한 정령을 부르는 종교예요. 하지만 칭기즈 칸은 이슬람교와 불교처럼 외국의 종교도 허용했어요.

몽골인들은 제국 곳곳을 이어 줄 연락망도 매우 성공적으로 구축했어요. '얌'이라 부르는 중계 방식인데, 전령들은 탄탄하고 날랜 말을 타고 역으로 가서 소식을 전달했지요. 전령들은 말안장 위에서 먹고 잤어요. 그리고 하루에 최소 160킬로미터 이상을 달렸지요. 가는 길마다 쉬어 갈 수 있는 역도 배치되어 있었어요. 전령들은 종을 가지고 다녔고, 역에 가까워지면 종을 울려서 사람들에게 알렸어요. 그 덕분에 역에서 일하는 사람들은 미리 말과 음식을 준비하여 시간을 아낄 수 있었지요.

마침내 몽골인들은 유럽에서 중국에 이르는 무역길 전체를 손아귀에 넣었어요. 이렇게 구축된 연결망 덕분에 서양 사람들은 이전에는 결코 알 수 없었던 문화에 관해 알게 되었고 국수와 차, 카드놀이와 쌀을 도입하기에 이르렀어요.

최후

1227년 8월 둘째 주, 칭기즈 칸은 중국 북부를 정복하러 가는 길에 병으로 쓰러졌어요. **발진 티푸스**일 가능성이 높았지요. 그때 그의 나이가 아마 60대 중반이었을 거예요. 칭기즈 칸은 병색이 깊어지자 밀폐된 수레를 타고 북쪽으로 서둘러 이동했어요. 그래서 아무도 그의 행방을 알 수 없었지요. 임종이 가까워지자 그는 아들들과 수하들에게 자신의 죽음을 비밀에 부치라고 일렀어요. 그래야 적들이 몽골에 대항하여 동맹을 맺지 않을 테니까요. 또한 중국 북부의 왕국들을 전멸시키려던 계획을 계속해서 진행하라고 말했어요. 그래서 그가 죽었다는 사실은 단 한 번도 밖으로 새 나가지 않았어요.

> **발진 티푸스**
> 사람 몸에 기생하는 작은 벌레인 이가 옮기는 전염병으로, 한번 걸리면 오한과 고열에 시달리다 온몸에 작은 종기(발진)가 생겨요.

칭기즈 칸이 세상을 떠나고 약 1세기 후에 살았던 역사학자들의 말을 믿는다면, 칸의 시신을 실은 장례 행렬은 고비 사막을 가로질러 머나먼 길을 떠나 고향인 몽골에 닿았고, 그곳에 있는 비밀 무덤에 매장되었다고 해요. 그렇게 기나긴 여정이라면 최소 3주는 걸렸을 테고, 때는 한여름이었지요.

이야기의 일부분은 앞뒤가 맞지 않아요. 현대 역사가들이 지적했듯이, 칸의 죽음을 숨기려는데 왜 그 거대한 장례 행렬이 뒤따랐으며, 어떻게 부패하여 냄새가 지독한 시신을 싣고서 수백 킬로미터가 넘는 길을 갈 수 있었을까요? 게다가 장례 행렬이 지나갈 때마다 우연히 만난 사람들을 죽이고 흔적을 남길 이유가 있었을까요? 생각해 보세요, 13세기에 죽은 시신을 줄줄이 남기고 갔다면 그건 커다란 네온사인이 반짝이는 화살표와 같을 수밖에 없어요. 따라서 매장지로 갈 때 만난 사람을 모조리 죽였다는 설은… 좀 말이 안 돼요. 좀 더 그럴듯한 설은 무리를 작게 지어 시신을 남몰래 어딘가에 묻었다는 거예요.

하지만 어디에 묻었다는 것일까요?

할리우드에서는 칭기즈 칸의 일대기를 다룬 영화를 몇 개 만들었어요. 대개는 사실과 너무나도 다른 내용이었답니다.

현재로 돌아와서

많은 이들이 칭기즈 칸의 무덤을 찾고 싶어 해요. 현대의 몽골인들 대다수는 그의 무덤을 기리고 제사 지내기를 바라지요. 고고학자들은 무덤의 위치를 찾아 그 안의 부장품을 연구하면 역사적으로 많은 점을 배우리라 기대해요.

하지만 풀어야 할 문제가 있어요. 우선 칭기즈 칸의 무덤 자체가 없을 수도 있어요. 시신을 화장했을 가능성도 있거든요. 아니면 샤머니즘의 전통에 따라 산 어딘가에 두고 왔을 수도 있어요. 그리고 어딘가에 숨겨진 무덤이 있다고 해도 현대 몽골인들 대부분은 신성한 곳이니까 그대로 놔두는 것이 낫다고 생각해요. 현대 몽골인들은 칭기즈 칸을 국가적 영웅으로 숭배하고 있어요. 거리와 아이들, 초코바의 이름까지 그의 이름을 따서 만들었고요, 우표와 건물, 몽골 지폐에서도 칭기즈 칸의 얼굴을 볼 수 있답니다. 몽골인들은 외국의 보물 사냥꾼들과 고고학자들이 그들의 신성한 장소를 파는 것을 원하지 않아요.

이 지점에서 초고해상 위성 영상이라 부르는 최신 기술의 도움을 받을 수 있어요. 2005년 캘리포니아 샌디에이고의 연구자들은《내셔널지오그래픽》과 제휴를 맺고 "가상 탐사 시스템"이라고 하는 풍경을 구현해 냈어요. 이들은 일반인들을 초대하여 광대한 몽골 지역에서 평소와 다른 점을 표시하고 가능성이 있는 지역은 어디든 살펴볼 수 있도록 했어요. 1만 명이 넘는 지원자가 모여 자신의 컴퓨터로 칭기즈 칸의 무덤을 찾는 데 도움을 주었답니다. 아직 정확한 위치를 찾지는 못했지만, 조사를 해봄 직한 지역을 많이 표시해 놓았어요.

  이러한 기술은 아직 발견하지 못한 전 세계 다른 고고학 현장을 찾는 데에도 도움을 줄 거예요. 수백만 아마추어 고고학자들의 관찰력을 활용할 계기도 되겠지요. 그리고 여러분도 그중 하나가 될 수 있답니다.

고고학을 더 파헤쳐 보자

고고학자들은 유물의 나이를 어떻게 측정할까요?

고고학자들은 물건의 나이를 어떻게 알 수 있나요? 여기에 고고학자들이 쓰는 방법을 소개할게요.

주변의 배경 고고학자들은 물건이나 유물 근처에 무엇이 있는지 집중해서 살펴보아요. 유물이 발견된 곳에 있는 흙과 암석도 조사하고요. 아주 오래된 식물과 동물, 여기에 꽃가루까지도 시기를 알아내는 데 도움이 될 수 있어요. 그래서 지도를 그리고 문서를 만드는 일이 고고학 연구에서 중요한 거예요.

방사성 연대 측정 고고학자들은 이 기술로 연구 대상의 방사성 동위 원소의 양을 측정해요. 이렇게 해서 암석이 언제 만들어졌는지, 그리고 동물이나 식물이 언제 죽었는지 알아낼 수 있지요. 탄소 연대 측정은 방사성 연대 측정 방식 중 하나예요. 살아 있는 생물은 모두 대기 중에 있는 탄소를 흡수해요. 식물이나 동물이 죽으면 더 이상 탄소를 흡수하지 않게 되지요. 그리고 탄소 중 어떤 형태는 방사성을 띠기 때문에, 특정 기간마다 일정한 비율로 분해돼요. 이 비율을 반감기라 부릅니다. 방사능을 띠는 탄소(C-14라 불러요)의 반감기를 측정하면 고고학자들이 나무와 직물, 음식, 뼈 등 한때 살아 있던 물질의 나이를 알아낼 수 있답니다.

지층학 시간이 흐르며 흙과 퇴적물이 층층이 쌓여요. 지층학은 이렇게 쌓인 지층을 연구한답니다. 현장이 망가지지 않았다면, 깊이 내려갈수록 지층이 더 오래되었다는 뜻이 되어요. 따라서 더 오래된 유물은 더 깊은 층에서 발견되고 상대적으로 최근 유물은 지표면 가까이에 있을 가능성이 높지요.

열발광 연대 측정 고고학자들은 이 기술로 화산암이나 부싯돌 또는 가마로 구웠던 진흙의 나이를 측정해요. 이러한 물체에는 특정한 전자를 흡수하여 가두어 놓는 광물이 들어 있어요. 물체에 열을 가하거나 햇빛에 노출시키면, 물체는 일정 비율로 전자를 내보내요. 고고학자들은 열발광 연대 측정으로 물체가 높은 온도에서 마지막으로 열을 받은 후 얼마나 시간이 흘렀는지 계산할 수 있어요. 이 방법은 도자기와 구운 점토로 만든 전사들, 또는 헤르쿨라네움 마을을 덮친 화산암 퇴적층의 연대를 측정하는 데 유용하답니다.

여기를 파 보자

여러분은 고고학 분야가 그동안 많은 발전을 이루었다는 사실을 알게 되었을 거예요. 초기에 백인 유럽 '**고고학자들**'은 약속의 땅으로 떠나 유물과 보물을 파서 값어치가 있다고 생각되는 물건은 모조리 고향으로 가지고 갔어요.

> 하지만 이들은 사실 도굴꾼이나 보물 사냥꾼에 더 가까워요.

미국에서는 백인 보물 사냥꾼과 초창기 고고학자들이 원주민들의 문화 유물을 수집하고, 묘지를 파내는가 하면, 사람의 유해와 신성한 물건을 없애 버리기도 했어요. 이들은 이익을 남기고 팔아넘기거나 연구를 명목으로 박물관으로 가지고 가 버렸지요.

오늘날 합법적으로 활동하는 고고학자들은 법을 엄격히 지키며 윤리적 지침을 따르고 있어요. 이들은 현장을 발굴하기 전에 허가를 먼저 받지요. 자신들이 발굴한 유물을 사사로이 가지거나, 팔거나, 교환하지 않아요.

현대 고고학자들은 신중하게 조사하고 기록합니다. 그리고 유물을 거두기 전에 발견한 곳 주위의 위치를 문서로 남겨 놓아요. 그러고 나서 발굴한 것을 분석하고 발표하여 다른 이들이 한층 더 깊이 연구할 수 있도록 합니다.

다른 나라나 문화에 속한 돌과 뼈, 유물을 파서 가지고 나가는 행위는 더 이상 받아들여지지 않습니다.

돌과 뼈는 누가 갖나요?

최근 많은 나라에서는 발굴한 유물과 유해가 소속된 나라에서 떠날 수 없도록 금지하는 법을 통과시켰어요. 원주민(아메리카 원주민, 캐나다 원주민, 호주 원주민 등)의 바람을 존중하여 유물과 유해를 원래 있던 곳으로 되돌려 보내고 적절하게 다시 매장하도록 하는 박물관이 늘고 있지요. 미국에서는 '아메리카 원주민 묘지 보호 및 송환법'이라 부르는 1990년 법률에 따라 정부 기관과 박물관의 소장품 목록을 조사하라고 요구했어요. 기관과 박물관은 반드시 공개 토론을 열어야 하며, 만약 요청이 있으면, 가져

갔거나 구매했거나, 아니면 대개는 훔쳐 갔던 유물을 원래 주인이었던 부족 공동체의 대표에게 돌려주어야 해요. 또한 원주민의 매장지를 보호하고 원주민 공동체가 보호 구역의 발굴을 허가하도록 하는 권리가 법적으로 보장되어 있습니다. 현재 많은 나라에서 문화재를 팔거나 소유하는 행위는 국가적인 범죄에 해당해요.

하지만 유물의 역사적 중요성을 알아보고 연구하고자 하는 고고학자와 원주민 공동체 사이의 갈등은 여전히 꺼질 줄 모르고 활활 타오르고 있어요. 원주민들은 대대로 전해져 내려온 유물과 유산을 돌려받아 다시 매장하기를 바라지요. 다행히 이렇게 복잡한 문제는 현대 기술 덕분에 피해 가기도 합니다. 보호 구역이나 신성시되는 지역을 돌아다니지 않고도 고고학자들은 지구 물리 탐사라는 기술로 멀리서도 데이터를 모을 수 있어요. 항공 사진, 드론 촬영, 레이더 전파 탐지기, 항공 레이저 측량, 위성 사진 등이 이러한 기술에 해당하지요. 어린이들도 여기 소개된 기술 중 몇 가지를 배울 수 있어요(269~271쪽을 보세요).

많은 원주민들이 유물을 연구하고자 하는 사람들에게 미심쩍은 눈길을 거두지 못하는 것은 조금도 놀랄 일이 아니에요. 고고학자들은 발굴과 조사, 과학적으로 증명된 탄탄한 증거를 바탕으로 진행되는 자신의 작업이 온전히 과학적이라고 생각해요. 하지만 다른 한편으로는 우리가 이 책을 통해 여러 번 보았듯, 모든 것이 각자 독자적인 문화의 산물이라는 것도 맞아요. 인류의 역사 대부분이 고고학적 증거에 바탕을 두어 사실이라고 널리 받아들여졌지만, 이제는 다시 평가되고 있어요. 우리는 우리의 문화적 편견에 의문을 제기하고, 이것이 과거를 해석하는 방식에 어떻게 영향을 줄 수 있는지 의심하는 자세를 계속 유지해 나가야 해요.

• 아마추어 고고학자가 되고 싶다면 •
여러분도 '어쩌다 발굴'을 할 수 있어요

1. 눈을 크게 뜨고 바라보세요. 풍경 속에 범상치 않은 모습이 있는지 찾아보아요.
2. 무언가 찾았다 해도, 만지지는 마세요. 자신이 찾은 곳의 위치를 최대한 자세히 기록해 놓아요. 가능하면 사진도 찍어 놓고요. 유물을 원래 있던 자리에서 치워 버리면, 과학적 정보를 얻는 자료로서 가치가 떨어지고 말아요.
3. 무언가의 위치를 찾았다면, 고고학자를 불러 달라고 어른들에게 요청하세요. 우리나라에서는 여러분이 사는 지역의 도청이나 시청, 군청 등에 문화유산 관련 부서가 있고, 각 지방 정부에 속한 문화유산 연구 기관이 있답니다. 또한 지역에 가까운 박물관이나 역사 협회, 대학교에 연락할 수도 있어요.

4. 대부분의 나라에서는 땅을 파서 유물을 찾으려면 허가를 받아야 해요. 공유지에서 발견한 유물을 집으로 가져가는 일은 불법이랍니다. 만약 호수 밑바닥에서 동전과 같은 작은 물건이나 화살촉, 아니면 1,500년 된 칼을 발견했는데 정확하게 기록할 수가 없다면, 일단 조심스럽게 치운 다음, 유물의 위치를 최대한 자세하게 기록한 뒤, 3번에 나온 단계를 따라 하세요.

· 나오며 ·
고고학은 열린 문

제가 이 책에 쓴 우연한 발견들은 연구를 하다 만나게 된 놀라운 이야기 중 일부일 뿐이랍니다. 우리가 알고 있었던 과거를 다시금 생각하게 만든 발견들이 정말 훨씬 더 많아요. 거의 일주일에 한 번씩 새로운 이야기가 쏟아져 나오지요.

- 1963년 튀르키예 남성이 자신의 집을 수리하다가 벽을 쓰러뜨렸어요. 그러자 고대의 지하 도시가 모습을 드러냈답니다.
- 2008년 남아프리카공화국에서는 아홉 살 소년이 화석 하나를 발견했어요. 이 화석은 거의 200만 년 전에 살았던 인류의 화석으로 밝혀졌는데, 이전에는 알려지지 않은 종이었답니다.

- 2010년 뉴욕의 세계 무역 센터 현장에서 노동자들이 18세기 배의 잔해를 발견했어요.
- 2018년 여덟 살 소녀가 스웨덴 호수에서 칼을 낚아 올렸어요. 그 칼은 무려 1,500년 전에 만든 것이었답니다.
- 2018년 런던에서 하수도 공사를 하던 도중, 일꾼들이 500년 된 남자의 시신을 발견했어요. 그는 발견 당시에도 허벅지까지 올라오는 부츠를 신고 있었어요.

제가 말하는 의미를 알겠지요? 우리의 과거를 알 수 있는 단서는 여전히 많이 남아 있어요. 새로운 발견은 시시때때로 이루어진답니다. 그리고 새롭게 찾아낸 물건을 통해 우리가 안다고 생각한 것에 새로운 문제를 제기할 수도 있어요.

여러분이 이 책을 모두 읽었다면, 아마 어른이 되어 고고학자가 되고 싶다는 꿈을 꿀지도 몰라요. 그동안 여러분 스스로 어쩌다 고고학자가 되려고 노력해도 되고, 아니면 어쩌다 발견한 재미있는 발견 이야기를 찾아내어 글로 쓸 수도 있어요. 고고학은 정말 멋진 학문이에요. 기회는 항상 열려 있고요.

• 옮긴이의 말 •
우리가 사는 이곳은
과거 누군가가 살던 곳

때는 2007년 5월, 장소는 대한민국 충청남도 태안 앞바다. 한 어부가 주꾸미를 잡으려고 소라 껍데기를 기다란 줄에 매달아 바닷속으로 내립니다. 주꾸미는 산란기가 되면 소라 껍데기에 들어가서 숨는 습성이 있는데, 이걸 이용하여 주꾸미를 낚아 올리는 것이지요. 그런데 주꾸미 한 마리가 소라 껍데기가 아닌 어떤 물건을 감싼 채 올라와요. 푸른빛이 감도는 도자기 그릇이에요. 어부는 도자기 그릇이 여느 평범한 그릇이 아니라는 사실을 알아채고 태안군청에 신고합니다. 서해 앞바다는 오랜 옛날부터 한반도와 중국 사이의 중요한 무역로였기 때문에, 풍랑을 만나 배가 가라앉은 일이 꽤 많았고 이미 몇 차례 수중 발굴이 이루어졌기 때문이에요. 태안군청에서는 즉시 잠수부를 투입해 바닷속을 조사해 보아요. 잠수부들은 바다 밑바닥에 잠자고 있는 그릇들을 보고 깜짝 놀라고 맙니다. 그 그릇들은 바로 고려청자이기 때문이에요. 그것도 23,815점이나 되는 어마어마한 규모로요. 고려청자들은 갯벌에 묻혀 거의 온전한 형태로 영롱한 빛을 뿜 내고 있어요. 고려 시대였던 1100년 즈음 전라남도 강진에서 고려청자를 만든 뒤, 배에 실어 수도인 개경으로 보냈는데, 도중에 폭풍우를 만나 배가 침몰하여 가라앉아 버렸던 것이랍니다. 여기서 건져 올린 '청자 퇴화문 두꺼비 모양 벼루'와 '사자 모양 향로' 등 보물급 유물이 발굴되는 데 주꾸미와 어부 아저씨가 일등공신이 된 셈이에요.

이 책을 번역하면서 자료 조사를 하던 중에, 위의 뉴스를 접하고 참 재미있다는 생각이 들었어요. 그리고 이 책과 성격이 딱 맞아 떨어진다고 생각했지요. 우리가 알고 있는 역사 지식은 고고학자의 손을 거쳐 탄생한 경우가 많아요. 선조들이 남긴 유물이나 유적을 발굴하여 과거의 역사와 문화를 밝히는 것이 고고학자의 역할이에요. 한때는 그저 신화나 전설로만 여겨졌지만 실제 유물이 발굴되면서 역사가 된 경우가 심심찮게 많아요. 그런데 이 유물과 유적을 발견하는 이들 중에서는 위의 사례와 같이 평범한 사람들도 종종 있어요. 우리가 사는 이 땅은 아주 오랜 옛날부터 조상님이 살던 곳이기도 하므로, 강가를 산책하다가 구석기인들이 쓰던 주먹도끼를 우연히 줍기도 하고, 주차장을 지으려고 터를 파다가 귀중한 백제 금동 대

향로를 발견하기도 해요. 제가 사는 서울특별시 송파구의 옛 위례성 근처에서도 이곳을 오랫동안 지켰던 백제뿐만 아니라 고구려와 신라의 유물이 잇달아 발견된 적이 있어요. 고고학자들이 모여 신중하게 유물과 유적을 분석한 결과, 삼국이 한강 유역을 차지하기 위해 얼마나 치열하게 싸웠는지 알아낼 수 있었답니다.

  물론 이 책의 저자가 말한 바와 같이 평범한 사람들이 이렇게 우연히 유물을 발견하는 일은 흔치 않아요. 고고학은 매우 오랜 시간을 들여 섬세하게 유물을 발굴하는 것이 무엇보다도 중요해요. 그래도 혹시 모르지요, 길을 지나가다가 조상님들이 쓰던 유물을 발견하게 될지 누가 알겠어요? 앞서 말했듯이, 현대의 우리가 살고 있는 곳과 과거 사람들이 살았던 곳은 같은 공간이니까요. 아마 이 책을 읽고 난 후에는 무심히 지나쳤던 주변 환경들이 심상치 않게 느껴질지도 몰라요. 내가 살고 있는 우리 고장에 어떤 역사가 있었는지를 알아보면 여러분도 고고학자가 되는 길에 한층 더 가까워질 수도 있어요.

  이 책을 통해 평범한 사람들이 발견한 흥미로운 유물의 세계에 푹 빠져 보기를 바라요. 그리고 이 책이 여러분이 고고학이라는 학문을 이해하고 한층 더 나아가 고고학자의 꿈을 키우는 계기가 되길 바랍니다.

························· 참고 자료 ·························

"The Antikythera Mechanism Research Project." http://www.antikytheramechanism.gr/.

Asingh, Pauline, and Niels Lynnerup, eds. *Grauballe Man: An Iron Age Bog Body Revisited*. Moesgård: Jutland Archaeological Society, 2007.

Beard, Mary. "When Did Vesuvius Erupt?" *Times Literary Supplement*, October 22, 2018.

Beckham, Mike, writer, producer, director. *The 2000-Year-Old Computer—Decoding the Antikythera Mechanism*. BBC Documentary video. MMXII Images First Ltd. Video available online.

Belzoni, Giovanni Battista. "Narrative of the Operations and Recent Discoveries within the Pyramids, Temples, Tombs, and Excavations, in Egypt and Nubia; and of a Journey to the Coast of the Red Sea, in Search of the Ancient Berenice; and Another to the Oasis of Jupiter Ammon." Originally published London: John Murray, 1820. New York: Scribner, Welford, and Armstrong, 1970.

Bennett, Amanda. "Wanted: Fit, Fearless Scientist for Huge Underground Find." *National Geographic*, September 17, 2015.

Berger, Lee R., and John Hawks. *Almost Human: The Astonishing Tale of* Homo Naledi *and the Discovery That Changed Our Human Story*. Washington, DC: National Geographic Partners, 2017.

Berger, Lee R., John Hawks, Darryl J. de Ruiter, et al . "*Homo Naledi*, a New Species of the Genus *Homo* from the Dinaledi Chamber, South Africa." *eLIFE*, September 1, 2015.

Bernard, H. Russell. "Kalymnian Sponge Diving." *Human Biology* 39, no. 2 (May 1967): 103–130.

Blaxland, Beth. "Hominid and Hominin—What's the Difference?" *Australian Museum*, February 11, 2018.

Cantwell, Anne-Marie E., and Diana diZerega Wall. *Unearthing Gotham: The Archaeology of New York City*. New Haven: Yale University Press, 2003.

Cavendish, Richard. "Discovery of the Lascaux Cave Paintings." *History Today*, September 9, 2015.

Clynes, Tom. "Watch: How to Become a Space Archaeologist." *National Geographic*, January 30, 2017.

Cockle, W. E. H. "Restoring and Conserving Papyri." *Bulletin of the Institute of Classical Studies* 30 (1983): 147-65.

Cotterell, Arthur. *The First Emperor of China: The Greatest Archeological Find of Our Time*. New York: Holt, Rinehart and Winston, 1981.

Countryman, Edward. *Enjoy the Same Liberty: Black Americans and the Revolutionary Era*. Lanham, MD: Rowman & Littlefield, 2014.

de Solla Price, Derek. "Antikythera Mechanism." http://derekdesollaprice.org/antikythera-mechanism/.

Jacques Cousteau Odyssey: Diving for Roman Plunder. Documentary, 1980. Video available online.

Cullen, Bob. "Testimony from the Iceman." *Smithsonian* magazine, February 2003.

Cuvigny, Helene, and Adam Bulow-Jacobsen. "The Finds of Papyri: The Archaeology of Papyrology." In *The Oxford Handbook of Papyrology*, 30–58, edited by Roger S. Bagnall. New York: Oxford University Press, 2012.

David, Ariel. "Archaeologists Find the Last Hideout of the Jewish Revolt in Jerusalem." *Haaretz*, May 10, 2016.

Davison, Michael Worth, and Neal V. Martin, eds. *Everyday Life through the Ages*. London: Reader's Digest, 1992.

Davoli, Paola. "Papyri, Archaeology, and Modern History: A Contextual Study of the Beginnings of Papyrology and Egyptology." *Bulletin of the American Society of Papyrologists* 52 (2015): 87–112.

Dawn of Humanity. Video. Produced by NOVA and National Geographic Studios for WGBH Boston, 2015. Video available online.

Deiss, Joseph Jay. *Herculaneum: Italy's Buried Treasure*. J. Paul Getty Museum, 1989.

Dell'Amore, Christine. "Who Were the Ancient Bog Mummies? Surprising New Clues." *National Geographic*, July 18, 2014.

Denoble, Petar. "The Story of Sponge Divers." Alert Diver Online, 2011.

Dirks, Paul H. G. M., Eric M. Roberts, Hannah Hilbert-Wolf, et al. "The Age of *Homo Naledi* and Associated Sediments in the Rising Star Cave, South Africa." *eLIFE*, May 9, 2017.

"The Discovery of Tollund Man." Museum Silkeborg. http://www.museumsilkeborg.dk/the-discovery-of-tollund-man.

Draper, Robert. "Unburying the Aztec." *National Geographic*, November 2010.

Drewett, Peter. *Field Archaeology: An Introduction*. London: UCL Press, 1999.

Dunmore's Proclamation, November 11, 1775. https://www.loc.gov/resource/rbpe.1780180b/

Eshleman, Clayton. "Lectures on the Ice-Age Painted Caves of Southwestern France." *Interval(le)s* 11. 2–111.1 (Fall 2008/ Winter 2009) 235–70.

Fagan, Brian M. *The Rape of the Nile: Tomb Robbers, Tourists, and Archaeologists in Egypt*. Boulder, CO: Westview Press, 2004.

Foley, Brendan. "The Antikythera Shipwreck: Excavating the World's Richest Ancient Shipwreck." Video of lecture available online.

Franklin, Benjamin. "Felons and Rattlesnakes, 9 May 1751." *Founders Online*, National Archives and Records Administration.

Frazier, Ian. "Invaders." *New Yorker*, June 19, 2017.

Freedman, Russell. *In the Days of the Vaqueros: America's First True Cowboys*. New York: Clarion Books, 2001.

Freeth, Tony. "Decoding an Ancient Computer." *Scientific American* 301, no. 6 (December 2009): 76–83.

Gandy, S. Kay. "Legacy of the American West: Indian Cowboys, Black Cowboys, and Vaqueros." *Social Education* 72, no. 4 (May/ June 2008): 189–93.

Glob, P. V. *The Bog People: Iron- Age Man Preserved*. Translated from the Danish by Rupert Bruce-Mitford. New York: Faber and Faber, 1969.

Goodman, A. H., J. Jones, J. Reid, et al. "Isotopic and Elemental Chemistry of Teeth: Implications for Places of Birth, Forced Migration Patterns, Nutritional Status, and Pollution." W. Montague Cobb Research Laboratory.

Grenfell, Bernard P., Arthur S. Hunt, and J. Gilbart Smyly, eds. *The Tebtunis Papyri*. London: Henry Frowde, Oxford University Press, 1902.

Greshko, Michael. "Did This Mysterious Ape-Human Once Live Alongside Our Ancestors?" *National Geographic*, May 9, 2017.

"2012 Grey Friars Excavation." Richard III–Archaeological dig. University of Leicester. https://www.le.ac.uk/richardiii/archaeology/wherewedug.html.

Hansen, Joyce, and Gary McGowan. *Breaking Ground, Breaking Silence: The Story of New York's African Burial Ground*. New York: Henry Holt, 1998.

Hart, Edward, director. *Ghosts of Murdered Kings: Bronze Age Bog Bodies Reveal the Strange Beliefs of the Long-Vanished Peoples of Europe*. NOVA: PBS, 2013. Video available online.

Hawks, John, Marina Elliott, Peter Schmid, et al. "New Fossil Remains of *Homo Naledi* from the Lesedi Chamber, South Africa." *eLIFE*, May 9, 2017.

Hawks, John. "Renewed Excavations in the Rising Star Cave." *Medium*, September 11, 2017.

Heeres, J. E. *The Part Borne by the Dutch in the Discovery of Australia 1606–1765*. London: Royal Dutch Geographical Society, 1899.

Hendry, Lisa. "*Homo Naledi*, Your Most Recently Discovered Human Relative." *Natural History Museum* (London) magazine, September 2018.

"Herculaneum, Saving the Site." *World Archaeology*, September 19, 2018.

"How 900-Year-Old African Coins Found in Australia May Finally Solve the Mystery of Who Arrived Down Under First." *Daily Mail* Online, August 22, 2013.

"How Ancient Papyrus Was Made." Papyrology Collection. University of Michigan Library. March 11, 2014.

Hume, Ivor Noël. *Belzoni: The Giant Archaeologists Love to Hate*. Charlottesville: University of Virginia Press, 2011.

Ilany, Ofri. "Scholar: The Essenes, Dead Sea Scroll 'Authors,' Never Existed." *Haaretz*, March 13, 2009.

Keys, David, and Nicholas Pyke. "Decoded at Last: The 'Classical Holy Grail' That May Rewrite the History of the World." *Independent*, April 17, 2005.

———. "Eureka! Extraordinary Discovery Unlocks Secrets of the Ancients." *Independent*, April 17, 2005.

King, Turi E., Gloria Gonzalez Fortes, Patricia Balaresque, et al. "Identification of the Remains of King Richard III." *Nature Communications*, December 2, 2014.

Knapton, Ernest John. *Empress Josephine*. Cambridge: Harvard University Press, 1963.

Koch, Peter O. *The Aztecs, the Conquistadors, and the Making of Mexican Culture*. Jefferson, NC: McFarland, 2006.

Lane, George. *Genghis Khan and Mongol Rule*. Indianapolis: Hackett, 2009.

"Lascaux Cave Paintings: Layout, Meaning, Photographs of Prehistoric Animal Pictures." *Stone Age Art* in *Art Encyclopedia* online.

Lawler, Andrew. "Who Wrote the Dead Sea Scrolls?" *Smithsonian* magazine, January 1, 2010.

Lennon, Troy. "How a Dog Called Robot Helped Reveal Lascaux's Prehistoric Art Gallery." *Daily Telegraph*, September 10, 2015.

Lewis, Danny. "Skeleton Pulled from the Antikythera Shipwreck Could Give Clues to Life Aboard the Vessel." *Smithsonian* magazine, September 20, 2016.

Lin, Albert Yu-Min, Andrew Huynh, Gert Lanckriet, and Luke Barrington. "Crowdsourcing the Unknown: The Satellite Search for Genghis Khan." *PLOS ONE*, December 30, 2014.

Loewen, James K. *Lies My Teacher Told Me*. New York: Touchstone, 2007.

Macintyre, Ben. "We Know Oetzi Had Fleas, His Last Supper Was Steak … and He Died 5,300 Years Ago." *Times* (London), November 1, 2003.

Maehler, H. A New Method of Dismounting Papyrus Cartonnage. *Bulletin of the Institute of Classical Studies* 27 (1980): 120–22.

Magness, Jodi. "What's the Poop on Ancient Toilets and Toilet Habits?" *Near Eastern Archaeology* 75, no. 2 (2012): 80–87.

Man, John. *The Terracotta Army: China's First Emperor and the Birth of a Nation*. Boston: Da Capo Press, 2008.

Mancini, Mark. "Peat Bogs Are Freakishly Good at Preserving Human Remains." HowStuffWorks, January 23, 2019.

Marchant, Jo. "The World's First Computer May Have Been Used to Tell Fortunes." *Smithsonian* magazine, June 8, 2016.

McCauley, Brea, David Maxwell, and Mark Collard. "A Cross-Cultural Perspective on Upper Palaeolithic Hand Images with Missing Phalanges." *Journal of Paleolithic Archaeology* 1, no. 4 (December 2018): 314–33.

McCoy, Terrence. "The Frustrating Hunt for Genghis Khan's Long-Lost Tomb Just Got a Whole Lot Easier." *Washington Post*, January 8, 2015.

McIntosh, Ian S. "Life and Death on the Wessel Islands: The Case of Australia's Mysterious African Coin Cache." *Australian Folklore* 27 (November 2012): 9–29.

Medford, Edna Greene, Emilyn L. Brown, Linda Heywood, and John Thornton. "Slavery and

Freedom in New Amsterdam." In *Historical Perspectives of the African Burial Ground: New York Blacks and the Diaspora*, edited by Edna Greene Medford. Vol. 3 of *The New York African Burial Ground: Unearthing the African Presence in Colonial New York*. Washington, DC: Howard University Press, 2009.

Medford, Edna Greene, Emilyn L. Brown, and Selwyn H. H. Carrington. "Change and Adjustment." In *Historical Perspectives of the African Burial Ground: New York Blacks and the Diaspora*, edited by Edna Greene Medford. Vol. 3 of *The New York African Burial Ground: Unearthing the African Presence in Colonial New York*. Washington DC: Howard University Press, 2009.

Meltzer, David J., Lawrence C. Todd, and Vance T. Holliday. "The Folsom (Paleoindian) Type Site: Past Investigations, Current Studies." *American Antiquity* 67, no. 1 (2002): 5.

Mendelsohn, Daniel. "Girl, Interrupted: Who Was Sappho?" *New Yorker*, March 9, 2015.

_____. "Hearing Sappho." *New Yorker*, March 12, 2015.

Minor, Sarah. "Handling the Beast." *Conjunctions* 61 (2013): 18–26.

Mishra, Patit Paban. *The History of Thailand*. Santa Barbara: Greenwood, 2010.

Moctezuma, Eduardo Matos, and David Hiser. "New Finds in the Great Temple." *National Geographic*, December 1980.

"Myths and Legends." University of Leicester, Richard III project site.

Obbink, Dirk. "Ten Poems of Sappho: Provenance, Authenticity, and Text of the New Sappho Papyri." In *The Newest Sappho: P. Sapph. Obbink and P. GC Inv. 105, Frs 1-4*, edited by Anton Bierl and André Lardinois, 34–54. Vol. 2 of *Studies in Archaic and Classical Greek Song*.

Owen, James. "5 Surprising Facts about Ötzi the Iceman." *National Geographic*, March 20, 2015.

Oxyrhynchus: A City and Its Texts. Online exhibition. Accessed April 25, 2019. http://www.papyrology.ox.ac.uk/POxy/VExhibition/exhib_welcome.html.

Parpola, Simo. *Letters from Assyrian Scholars to the Kings Esarhaddon and Assurbanipal*. Winona Lake, IN: Eisenbrauns, 2007.

Parry, J. "Giovani Baptista Belzoni." An 1804 broadside, now in the British Museum. https://www.britishmuseum.org/.

Parry, Simon. "Curse of the Warriors." *South China Morning Post*, September 14, 2007.

Parsons, P. J. "Waste Paper City." Oxyrhynchus: A City and Its Texts. Online exhibition. http://

www.papyrology.ox.ac.uk/POxy/oxyrhynchus/parsons1.html.

Pfeiffer, Leslie. "The Folsom Culture." *Central States Archaeological Journal* 51, no. 4: 50th Anniversary Issue! (October 1, 2004): 173–75.

Pitts, Michael W. *Digging for Richard III: The Search for the Lost King*. New York: Thames & Hudson, 2014.

Pliny the Younger. *Letters*, Book 6, translated by J. B. Firth, 1900. http://www.attalus.org/old/pliny6.html.

Plutarch. *Lives*. Translated by Bernadotte Perrin. Vol. 9 in Loeb Classical Library, 1920.

Pocha, Jehangir S. "Mongolia Sees Genghis Khan's Good Side." *New York Times*, May 10, 2005.

Pompeii: Life and Death with Mary Beard. Timeline documentary of ancient Rome (originally BBC), 2015. Video available online.

Pra Buddha Mahasuwan Patimakorn (Golden Buddha). An online history of the Golden Buddha. gba.orgfree.com/history%20of%20golden%20buddha.html.

Preston, Douglas. "Fossils & the Folsom Cowboy." *Natural History* 106, no. 1 (February 1997): 16–21.

Quarles, Benjamin, Thad W. Tate, and Gary Nash. *The Negro in the American Revolution*. Chapel Hill: University of North Carolina Press, 1961.

Ramirez, Janina. *The Cave Art Paintings of the Lascaux Cave—with Professor Alice Roberts*. Video, February 8, 2017. https://play.acast.com/s/artdetective/thecaveartpaintingsofthelascauxcave-withprofessoraliceroberts.

Richmond, Ben. "Finding Genghis Khan's Tomb from Space." VICE, "Motherboard," January 5, 2015.

Roaf, Michael. "Mesopotamian Kings and the Built Environment." In *Experiencing Power, Generating Authority: Cosmos, Politics, and the Ideology of Kingship in Ancient Egypt and Mesopotamia*, edited by Jane A. Hill, Philip Jones, and Antonio J. Morales, 331–60. Philadelphia: University of Pennsylvania Museum of Archaeology and Anthropology, 2013.

Rodriguez, Carmela. "Richard III Had Lavish Diet of Swan and Wine, New Forensic Study Reveals." *History Extra*, January 18, 2018.

Rojas, José Luis de. *Tenochtitlan: Capital of the Aztec Empire*. Gainseville: University Press of Florida, 2012.

"The Romans Destroy the Temple at Jerusalem, 70 AD." EyeWitness to History, 2005.

Rothstein, Edward. "A Burial Ground and Its Dead Are Given Life." *New York Times*, February 25, 2010.

Ruspoli, Mario. *The Cave of Lascaux: The Final Photographs*. New York: Abrams, 1987.

Ryan, Donald P. "BA Portrait: Giovanni Battista Belzoni." *Biblical Archaeologist* 49, no. 3 (1986): 133–38.

Schlissel, Lillian. *Black Frontiers: A History of African American Heroes in the Old West*. New York: Simon & Schuster Books for Young Readers, 1995.

Schmidt-Chevalier, Michel. "Were the Cave Paintings in Southwest France Made by Women?" *Leonardo* 14, no. 4 (1981): 302–303.

Schoonover, Mike. "Folsom Man Archaeological Site." Folsom Village. Essay, November 27, 2010. http:// www.folsomvillage.com/ FolsomManSite.html.

Seabrook, John. "The Invisible Library." *New Yorker*, November 16, 2015.

Shakespeare, *Richard III*. http://shakespeare.mit.edu/richardiii/full.html.

Sharpe, Emily. "Armchair Archaeologists Reveal Details of Life in Ancient Egypt." Archaeology and Conservation WordPress, February 29, 2016.

Shreeve, Jamie. "This Face Changes the Human Story. But How?" *National Geographic*, September 10, 2015.

Sider, David. *The Library of the Villa Dei Papiri at Herculaneum*. J. Paul Getty Museum, 2005.

Sigurdsson, Haraldur, et al. "The Dead Do Tell Tales at Vesuvius." *National Geographic*, May 1984, 557–613.

Smith, Ronald Bishop. *Siam; or, The History of the Thais*. Bethesda, MD: Decatur Press, 1966.

Sutton, John Edward Giles. *A Thousand Years of East Africa*. Nairobi, Kenya: British Institute in Eastern Africa, 1992.

Tacitus, Cornelius. *Germania*. AD 98.

Than, Ker. "Dead Sea Scrolls Mystery Solved?" *National Geographic*, July 27, 2010.

Thomas, David Hurst. *Skull Wars: Kennewick Man, Archaeology, and the Battle for Native American Identity*. New York: Basic Books, 2000.

Thomas, Robert McG., Jr. "Marcel Ravidat Is Dead at 72; Found Lascaux Cave Paintings." *New York Times*, March 31, 1995.

Urbanus, Jason. "The Race to Crack the Code." *Archaeology* magazine, November/December 2017.

Weiss, Daniel. "Scroll Search." *Archaeology* magazine, May/June 2017.

Wilson, Cameron. " 1000-Year-Old Coin Discovery in the Top End." Radio National (Australia), May 30, 2013.

Wong, Kate. "Mystery Human." *Scientific American* 314, no. 3 (2016): 28–37.

——————. "Our Cousin Neo." *Scientific American* 317, no. 2 (Aug. 2017): 46–47.

Wyatt, David K. *Thailand: A Short History*. New Haven: Yale University Press, 2003.

Zimmer, Carl. "How Did We Get to Be Human?" *New York Times*, November 19, 2018.

인용 출처

들어가며 우리는 모두 아마추어
9쪽 어떤 고고학자는 … '열쇠 구멍'이라 불러요: Drewett, 57.

1장 과거에서 들려온 폭발 소식
16쪽 일꾼들은 대부분 … 조공으로 바쳐요: Deiss, 35.

17쪽 '필라'라 불리는 … 부풀려 만들었어요: Deiss, 134.

18쪽 거대한 기둥이 … 뭉게뭉게 피어올랐어요: Deiss, 4.

20쪽 "평소와 다른 크기와 모양을 한 구름": Pliny, 16.

21쪽 [글상자] 하지만 최근에 … 일어난 것으로 보여요: Beard, "When Did Vesuvius Erupt?"

24쪽 화산에서 솟아 나온 … 묻어 버렸습니다.: Sigurdsson, 576.

24쪽 "평소 밤보다 더 칙칙하고 탁해졌기 때문": Pliny, 16.

24쪽 "드넓은 불길과 튀어 오르는 … 검은 구름": ibid.

24쪽 "많은 이들이 신의 … 추락하고 말았다고 생각했다": ibid.

24쪽 "모든 것이 바뀌었고 … 깊게 파묻히고 만": ibid.

25쪽 오랜 시간 동안 … 생각하게 되었지요: Pompeii: Life and Death with Mary Beard.

26쪽 발굴은 계속되고 … 쪼기도 해요: "Herculaneum, Saving the Site."

27쪽 "물론 이 내용이 역사에 그다지 중요하지 않겠지만": Pliny, 16.

2장 돌에 새겨진 것은
32쪽 암석의 가치가 높다는 것을: Fagan, 50.

35쪽 그는 조제핀과 떨어진 … 보내기도 했어요: Knapton, 298.

35~36쪽 납 탄환을 녹여 연필까지: Fagan, 50.

39쪽 영국의 학자였던 … 기호였지요: Urbanus.

39쪽 "드디어 해냈어!": Champollion as quoted in Urbanus.

3장 돌판을 누비던 거인

44쪽 그는 몸을 살짝 … 숨을 죽이지요: Hume, 28.
44~45쪽 "그는 지지대가 달린 … 깃발을 펄럭였다": J. Parry.
46쪽 아버지는 이발사 … 살려야 했기 때문이겠지요: Belzoni, 20.
46~47쪽 조반니는 열여섯 살이 … 이름으로 유명해졌답니다: Fagan, 66–67.
47쪽 그리고 세라 바라는 … 결혼도 했어요: Hume, 15.
47쪽 그때 그는 독특한 … 모습을 보여 주었지요: Belzoni, 69.
52쪽 한번은 무덤 속 … 빼 준 적도 있었어요: Hume, 31.
57쪽 벨조니는 얼마간 … 마흔다섯 살이었어요: Fagan, 148.

4장 차곡차곡 쌓인 악어 속에

62~63쪽 별안간 커다란 … 들어차 있어요: Grenfell, Hunt, and Smyly, vi.
64쪽 "뾰족한 주둥이를 한 물고기의 마을": Parsons.
64쪽 고대의 세금 … 점성술 등: Sharpe.
66쪽 〔글상자〕 그래서 테브투니스와 다른 … 정말 다양했답니다: Keys and Pyke, "Decoded at Last."
66~67쪽 이집트인들은 갈대 줄기를 … 나가는 것도 있었어요: "How Ancient Papyrus Was Made"; Cockle, 147.
67~68쪽 한 번에 여러 복사본을 … 받아 적었답니다: Sider, 29.
68쪽 파피루스는 오래가는 … 재사용하고 재활용했지요: Obbink, 34.
68쪽 그렇지 않으면 … 만드는 데 이용되었겠지요: Cockle, 150.
69쪽 어떤 방법은 … 효과가 있었답니다: Cockle, 156–58.
71~72쪽 새로 도입된 기술 … 볼 수 있게 되었어요: Maehler, 120–22.
72쪽 파피루스 학자들은 … 더 찾을지 모르지요: Keys and Pyke, "Eureka!"

5장 와장창 난파선

74~76쪽, 78쪽 때는 1990년 … 난파선을 발견했어요: For an account of the discovery, see Jacques Cousteau Odyssey.
76~77쪽 〔글상자〕 잠수는 어려워 … 죽음으로 몰아넣었어요: For the history of Greek sponge diving, see Bernard, 103–30, and Denoble.
79쪽 그중에 한 명은 … 추측으로 이어졌어요: Foley.

81쪽 몇 년 후 … 논문을 냈어요: de Solla Price.

82쪽 사실 … 마찬가지였어요: "Antikythera Mechanism Research Project."

82쪽 그가 이 장치를 만들었을까?: Freeth, 83.

83쪽 [글상자] 천문학자들과 점성술사들은 … 왕좌로 돌아왔지요: Beckham; Parpola, xxiv.

83쪽 [주석] 이런 경우도 … 왕위를 물려받았어요: Roaf, 334.

84쪽 2016년 해골만 … 얻을 수 있을 거예요: Lewis.

6장 그의 주장은 옳았어

86~87쪽 조지가 소협곡에 다가가자 … 뼈가 아주 많아요: Meltzer, Todd, and Holliday, 7.

89쪽 [글상자] 1600년대까지 바케로들은 … 정착했던 것이지요: Freedman, 6.

89쪽 [글상자] 초기 미국 카우보이들은 … 법을 배웠어요: Freedman, 50; Gandy.

89쪽 [글상자] 19세기 후반 … 한 명은 흑인이었어요: Schlissel, 30.

90쪽 아버지는 대장장이 … 사실을 알려 주었어요: Preston.

90쪽 목장 주인들은 … 자주 받았지요: ibid.

90~91쪽 하지만 그가 진정으로 … 가지고 있었답니다: ibid.

93쪽 그러다가 1927년 … 박혀 있었어요: Meltzer, Todd, and Holliday, 8; Schoonover.

93~94쪽 인간이 던진 창에 … 폴섬인이라 이름 붙였지요: Pfeiffer, 173.

95쪽 원주민들이 전하는 신화에 … 이동했다고 이야기하지요: D. Thomas, 164–65.

95쪽 조지 맥정킨 등이 발견한 … 말해 줍니다: D. Thomas, 207.

95~96쪽 조지 맥정킨은 당시에 … 무시당한 걸 테지요: Meltzer, Todd, and Holliday, 7.

7장 구석기 시대의 화가들

98쪽 9월 초 어느 날 … 로보를 데리고 왔어요: Minor, 22.

100쪽 학교 교사였던 라발 … 연구회 회원이에요: Cavendish.

101쪽 "우리의 젊은 영웅들과 … 금할 수 없었답니다": Ruspoli, 189.

101쪽 전쟁이 끝나고 … 발견을 알게 된답니다: R. Thomas; Lennon.

102쪽 라스코 동굴 벽화를 … 기후를 누렸지요: Ruspoli, 17.

103쪽 마들렌기 사람들은 자신들이 … 재료가 되어 주었지요: Eshleman.

105쪽 일부 고고학자들은 여성 … 위주로 생활했을 거예요: Schmidt–Chevalier, 302.

106쪽 벽에 남은 손자국 … 것을 알 수 있어요: McCauley, Maxwell, and Collard, 323; "Lascaux Cave

Paintings."
106~107쪽 사람들은 동물의 털과 … 칠했을 거라 추측해요: Ruspoli, 194.

8장 구리 동전 사건
110쪽 때는 1944년이에요 … 바닷가에 서 있어요: McIntosh, 9.
110쪽 모리는 레이다 … 주둔하고 있어요: McIntosh, 23.
111~112쪽 결과는 어떻게 … 해안에 있는 곳이에요: McIntosh, 11–13.
114쪽 그 외부인은 빌럼 … '웨셀' 제도라 이름 붙였답니다: McIntosh, 10.
114쪽 "백단향, 육두구, 정향 등": Heeres, 21.
115쪽 "불같이 화를 내고 … 화살을 날렸다": Heeres, 30.
116쪽 "도둑과 악당이 우리들 사이에 들어오는 것": Franklin.
118쪽 킬와에서 온 배들은 … 황궁에 보낸 적도 있었답니다: Sutton, p. 69.
119쪽 모리 아이젠버그가 발견한 … 발견된 적이 없었어요: "900-Year-Old African Coins."
121쪽 욜릉구인들 사이에서 … 달라는 요구가 빗발쳤어요: McIntosh, 14.
122쪽 욜릉구인들은 인도네시아에서 … 믿기 때문이지요: McIntosh, 16.
122쪽 아마도 네덜란드 함선이 침몰되었을지도 몰라요: McIntosh, 17.
123쪽 최근에는 호주의 … 훨씬 전에 그린 것이었지요: "900-Year-Old African Coins."

9장 두루마리의 비밀
126쪽 예루살렘이나 베들레헴에서 … 두 시간이면 도착하지요: Lawler.
129쪽 두루마리는 기원전 200년에서 … 십계명도 있었어요: Lawler.
131~132쪽 "잡동사니 팝니다 … 이상적인 선물이 될 것입니다": Wall Street Journal, June 1, 1954.
133쪽 에세네파는 요세푸스라는 … 글 덕분에 알려졌어요: As quoted in "Romans Destroy the Temple."
133~134쪽 이들은 1세기 즈음에 … 규칙까지 있었어요: Magness, 82–83.
134쪽 하지만 요세푸스가 … 학자들도 있어요: Ilany.
134쪽 유대인들이 스스로를 … 공장일 수도 있고요: Lawler.
134쪽 그다음에 일어난 … 논쟁 주제예요: For a good overview of different theories about who wrote them and who hid them, see David; Lawler; or Than.
135쪽 유대인들은 아마 … 도시를 빠져나와: David.
135쪽 진군하는 로마군을 피해 … 여전히 수수께끼랍니다: Lawler.

135쪽 2017년 새로운 동굴이 … 더 있을 것으로 믿고 있지요: Weiss.

10장 수렁에 빠지다

138쪽 "여기에 뭔가 이상한게 있어요": "Discovery of Tollund Man."
140쪽 하지만 경찰은 시신이 … 고고학자에게 연락해요: ibid.
142쪽 오늘날 이렇게 발견된 … 덴마크에서 발견되었어요: Dell'Amore; Hart.
143쪽 대략 기원전 375년에 죽은 톨룬트맨: Asingh and Lynnerup, 294.
143쪽 톨룬트맨과 그라우발레맨 둘 다 잡초도 잔뜩 먹었어요: Glob, 33.
144쪽 [글상자] 물이끼는 뼈를 … 푹 절은 장기만 남지요: Mancini.
145쪽 때로 킴브리족은 짧은 … 전투에 나갔어요: Tacitus.
145쪽 "머리카락을 꼬아서 매듭을 지어 위로 올렸다": ibid.
145쪽 "이렇게 정성 들여 … 놀라게 할 수 있다": ibid.
145쪽 "그들은 옷도 입지 않은 … 산 정상을 헤쳐 나갔다": Plutarch(23:1) 525.
146쪽 기원전 200년에 … 장면이 그려져 있답니다: "Discovery of Tollund Man."
148쪽 다른 역사가들은 흉작이 … 실패했을지 몰라요: Hart.

11장 운 좋게 부서지다

152~154쪽 석고 불상은 20년 동안 … 사실 순금이었습니다: Pra Buddha Mahasuwan Patimakorn.
158쪽 그는 타이에서 가장 … 인정받고 있답니다: Smith, 33.
160쪽 "위대한"과 "아름다운"이라고 … "높이 18큐빗": Smith, 101.
162쪽 최대 10만 명이 넘는 … 비교해서 더 많았답니다: Smith, 75.
162쪽 "전하의 발아래에 있는 먼지": Britannica Academic, "Thailand."
163쪽 "황국에서 사랑 시를 읊는 경우": Smith, 57.
164쪽 세계에서 가장 아름다운 … 재로 변해 버렸습니다: Mishra, 65.
164쪽 이에 걱정이 커진 … 처형당했다고 해요: Wyatt, 128.

12장 영원히 당신의 것

168쪽 양씨 형제의 이름은 … 쭉 뻗어 있답니다: S. Parry.
172쪽 시황제는 제후의 가족들을 … 직접 감시했어요: Man, 75.
176쪽 "시황제는 목숨을 잃고 나라는 분열할 것이다": Cotterell, 157.

177~178쪽 간신들은 악취를 숨기려 … 수도로 돌아갔지요: ibid.

13장 어둠의 사원

182~183쪽 1978년, 멕시코시티의 … 코욜사우키라고 확인해요: Moctezuma and Hiser, 767.

184쪽 1400년대에 이르자 … 피라미드가 되었답니다: Moctezuma and Hiser, 768.

184~185쪽 아스테카인들은 수많은 … 신에게 기도를 올렸지요: Rojas, 127–28.

186쪽 전투가 벌어지면 언제든지 … 일상생활을 이어 나갔어요: Koch, 138.

188쪽 남성들은 대개 샅바와 … 물들이기도 했어요: Davison, 199.

188쪽 전성기 테노치티틀란에는 … 20만 명이 살았어요: Draper, Garrett, and Lopez, 132–33.

188쪽 [글상자] 경기에서 진 팀은 … 바쳐지기도 했습니다: Koch, 143.

190쪽 이 '산뜻한' 근무 환경에 … 떨어져 버렸기 때문이지요: Koch, 134.

191쪽 설상가상으로, 불길한 … 혜성이 나타난다고 예언했어요: Koch, 141.

193쪽 "나는 당신들이 교회를 … 신사들의 잘못이 아닐 것이다": Loewen, 54.

195쪽 "꼬리에 캐스터네츠를 달고 있는": As quoted in Koch, 199.

195쪽 "신의 배설물": As quoted in Koch, 80.

196쪽 스페인 사람들의 말에 따르면 … 세상을 떠났어요: Rojas, 38.

196쪽 그중에 대다수는 … 가라앉아 버렸습니다: Rojas, 71.

14장 왜 여기에 무덤이

201쪽 땅을 얼마 파지도 … 관을 발굴해요: Hansen and McGowan, 4–5.

204~205쪽 1626년이 되자 … 인구는 세 배가 되었어요: Medford et al., 16.

205~206쪽 정착지가 급성장하자 … 해방된 흑인이었습니다: Medford, Brown, and Carrington, 25.

209쪽 어떤 유골은 앞니가 … 알아낼 수 있었습니다: Goodman et al., 105–7.

210쪽 하지만 버지니아의 영국 … 전쟁에 나섰답니다: Dunmore; Countryman, 47.

212쪽 "공공의 신뢰를 부도덕하게 위반하는": As quoted in Quarles, Tate, and Nash, 168.

212~213쪽 "착한 소년", "악동 기질이 다분함", "거의 쓰러지기 일보 직전": Quarles, Tate, and Nash, 172.

213쪽 "이제 나도 제대로 … 사실을 말이야": As quoted in Quarles, Tate, and Nash, 169.

213쪽 [글상자] 1703년까지 노예를 두었어요: Cantwell and Wall, 277–78.

214쪽 그 자리에 유해가 … 묻혀 있을 거라 추정해요: Rothstein.

15장 도랑 속 살인 사건

221~222쪽 기름이 뚝뚝 흘러내리는 … 빵을 먹었겠지요: MacIntyre.

225쪽 그는 살해되었어요: Owen.

225~226쪽 그가 발견되기 전까지 … 몇 개가 전부였지요: Cullen.

16장 해골의 열쇠

230쪽 돈이 쏟아집니다 … 자금을 모아요: Pitts, 86–87.

230쪽 발굴 조사는 근처 … 생각하지도 않고요: Pitts, 88.

230쪽 "심각하게 고려하지 않음": Richard Buckley as quoted in "2012 Grey Friars Excavation."

230쪽 두 번째 날 아침 … 몇 개를 발견해요: Pitts, 99.

234쪽 "역겨운 기형 덩어리": Shakespeare, Richard III, Act 1 Scene 2.

234쪽 잘못된 생각이기는 하지만 … 믿고는 했어요: "Myths and Legends."

237쪽 "모든 사람들이 … 만천하에 공개하라": As quoted in Pitts, 62, note 13.

239쪽 그는 백조와 왜가리 … 많이 먹었어요: Rodriguez.

239쪽 [글상자] 박사들은 1번 유골의 … 사실을 알아냈어요: King et al.

17장 비밀의 방

243쪽 두 사람은 '라이징 스타 … 암석을 재빠르게 올라가요: Shreeve.

246쪽 "교수님, 이거 얼른 보고 싶으실 거예요": Pedro Boshoff, as quoted in Dawn of Humanity.

246쪽 [글상자] 여기에서 알아 두면 좋은 용어들: Blaxland.

248쪽 "박사 학위자와 선임 연구원 … 있을 것 같지는 않음": Berger and Hawks, 124–25; Bennett.

249쪽 "그 안에 들어갈 수 있는지 시범을": Alia Gurtov (interview with author).

250쪽 "한번 들어가면 나오고 싶지 않을 거예요": Alia Gurtov (interview with author).

251~252쪽 뼈는 요하네스버그 대학으로 … 또는 발을 살펴보았어요: Wong, 2016.

252쪽 아프리카에서 발견한 … 규모가 크답니다: Berger et al, "Homo naledi."

252쪽 전문가들은 발굴한 … 더 작고 가벼웠어요: See Wong, 2017; Greshko; Shreeve.

252~253쪽 호모 날레디는 작은 … 걷고 뛰었을 거예요: Hendry.

253쪽 뼈는 사람들의 예상보다 … 33만 5천 년 전 사이였지요: Dirks et al.

254쪽 여기에 또 지적할 … 피우는 법을 알았을까요?: Shreeve.

255쪽 두 곳 모두 … 여전히 많아요: Hawks et al.

255쪽 라이징 스타 동굴에서 … 질문들을 내놓았어요: Zimmer.

18장 아마도 설마?
260쪽 남자아이는 안장을 … 상급 기병이 되었지요: Davison, 172.
260쪽 바지의 엉덩이 … 검게 칠하기도 했어요: Davison, 171.
262쪽 테무친은 자신의 … '전 세계의 지배자'라는 뜻이랍니다: Man, 103.
262쪽 그 후 10년 동안 … 사람들을 학살했지요: Frazier.
265쪽 화살이 가죽이나 … 빼낼 수 있었어요: Lane, 31.
265쪽 [글상자] 평화로운 시기에 … 무엇이든 먹었어요: Davison, 171.
265쪽 [글상자] 기병과 전령 들은 먹을 수 있었어요: Frazier.
265쪽 몽골 전사들은 전속력으로 … 단검도 함께 챙겼어요: Davison, 172.
265쪽 중기병은 철제 투구를 … 창을 들고 다녔어요: Lane, 31.
267쪽 칭기즈 칸은 재능을 … 출신도 있었어요: Man, 105.
267쪽 전령들은 종을 … 아낄 수 있었어요: Lane, 34.
268쪽 칸의 시신을 실은 장례 … 때는 한여름이었지요: Man, 257.
269쪽 게다가 장례 행렬이 … 이유가 있었을까요?: Man, 257.
270쪽 거이와 아이들, 초코바의 … 얼굴을 볼 수 있답니다: Pocha.
270쪽 몽골인들은 외국의 … 원하지 않아요: Richmond.
270쪽 "가상 탐사 시스템"... to look: McCoy.
270~271쪽 아직 정확한 위치를 … 표시해 놓았어요: Lin et al.

고고학을 더 파헤쳐 보자
276쪽 고고학자들은 발굴과 조사 … 산물이라는 것도 맞아요: D. Thomas, 244.

사진과 그림 출처

8쪽 FlixPix/Alamy Stock Photo; 19쪽 Wellcome Collection; 26쪽 Ken Thomas; 32쪽 Hans Hillewaert; 38쪽 Gtoffoletto; 41쪽 Adrian Grycuk; 51쪽 The New York Public Library; 53쪽 Marie Thérèse Hébert & Jean Robert Thibault; 56쪽 Jon Bodsworth; 62쪽 Brooklyn Museum Libraries. Wilbour Library of Egyptology. Special Collections; 63쪽 Egypt Exploration Society; 65쪽 Egypt Exploration Society; 68쪽 Rama; 75쪽 pixabay; 76쪽 State Archives of Florida; 77쪽 The Picture Art Collection/Alamy Stock Photo; 80쪽 Giovanni Dall'Orto; 83쪽 King, L. W. (Leonard William), 1869-1919; 87쪽 Denver Museum of Nature and Science; 93쪽 Denver Museum of Nature and Science; 94쪽 Daniel Eskridge/Alamy Stock Photo; 100쪽 Wellcome Collection; 101쪽 Bridgeman Images; 104쪽 Wellcome Collection; 108쪽 위 JanManu; 108쪽 아래 arzu çakır; 111쪽 Museum of Applied Arts and Sciences; 120쪽 pixabay; 127쪽 Lytoke123456; 128쪽 Ziko van Dijk; 130쪽 Berthold Werner; 133쪽 Dennis Jarvis; 139쪽 Abrget47j; 140쪽 Album/Alamy Stock Photo; 147쪽 Claude Valette; 148쪽 Lennart Larsen/The Ancient of Denmark, National Museum of Denmark; 153쪽 Ddalbiez; 160쪽 Chainwit; 169쪽 Jmhullot; 175쪽 Tony Hisgett; 177쪽 pixabay; 183쪽 miguelão; 185쪽 Thelmadatter; 203쪽 The New York Public Library; 208쪽 The New York Public Library; 211쪽 Courtesy of the Library of Virginia; 217쪽 ⓒPaul Hanny/South Tyrol Museum of Archaeology-www.iceman.it; 218쪽 ⓒSouth Tyrol Museum of Archaeology/Dario Frasson/South Tyrol Museum of Archaeology-www.iceman.it; 220쪽 Thilo Parg/Wikimedia Commons; 222쪽 Wierer, U., Arrighi, S., Bertola, S., Kaufmann, G., Baumgarten, B., Pedrotti, A., Pernter, P. and Pelegrin, J.; 225쪽 ⓒSouth Tyrol Museum of Archaeology/Eurac/Samadelli/Staschitz/South Tyrol Museum of Archaeology-www.iceman.it; 233쪽 Thomas Sully; 236쪽 pixabay; 238쪽 Sue Hutton; 245쪽 2015, Berger et al.; 250쪽 Simon Fraser University-Communications & Marketing; 251쪽 Simon Fraser University-University Communications; 253쪽 Cicero Moaes(Arc-Team); 269쪽 Reynold Brown; 275쪽 PictureLux/The Hollywood Archive/Alamy Stock Photo

- 퍼블릭 도메인은 표시하지 않았습니다.
- (주)도서출판 책과함께는 이 책에 실린 모든 도판과 자료의 출처와 저작권자를 찾아 허락을 받기 위해 최선을 다했습니다. 허가를 받지 못한 일부 도판은 저작권자가 확인되는 대로 사용 허가를 받고 통상의 사용료를 지불하겠습니다.

어쩌다 고고학자들
평범한 사람들의 우연한 발견 이야기

1판 1쇄 2023년 8월 28일

지은이 | 세라 앨비
그린이 | 네이선 해킷
옮긴이 | 김미선

펴낸이 | 류종필
편집 | 박병익
경영지원 | 김유리
디자인 | 석운디자인

펴낸곳 | (주)도서출판 책과함께
    주소 (04022) 서울시 마포구 동교로 70 소와소빌딩 2층
    전화 (02) 335-1982
    팩스 (02) 335-1316
    전자우편 prpub@daum.net
    블로그 blog.naver.com/prpub
    등록 2003년 4월 3일 제2003-000392호

잘못된 책은 구입하신 서점에서 바꾸어 드립니다.

ISBN 979-11-92913-17-9 73900